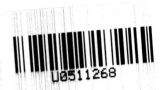

黄运丽 著

20世纪20—40年代“农国论”研究

中国社会科学出版社

图书在版编目(CIP)数据

20世纪20—40年代"农国论"研究/黄运丽著.—北京：中国社会科学出版社，2019.1
ISBN 978-7-5203-4070-0

Ⅰ.①2… Ⅱ.①黄… Ⅲ.①农业经济史—研究—中国—民国
Ⅳ.①F329.06

中国版本图书馆CIP数据核字(2019)第030204号

出 版 人 赵剑英
责任编辑 郭 鹏
责任校对 刘 俊
责任印制 李寡寡

出 版 中国社会科学出版社
社 址 北京鼓楼西大街甲158号
邮 编 100720
网 址 http://www.csspw.cn
发 行 部 010-84083685
门 市 部 010-84029450
经 销 新华书店及其他书店

印 刷 北京明恒达印务有限公司
装 订 廊坊市广阳区广增装订厂
版 次 2019年1月第1版
印 次 2019年1月第1次印刷

开 本 710×1000 1/16
印 张 13.5
字 数 207千字
定 价 58.00元

目　录

绪　论

1840年鸦片战争以后，随着西方文明的不断传入和国人对中西方文化的比较以及对本国国情、社会性质的认识，中国知识分子关于西方文明和东方文明之冲突的争论就没有间断过。就1919—1949年间而论，我国思想界就东西文化观、中国现代化问题、中国文化出路问题、以工立国还是以农立国问题，进行过几次大论战。这些论战有着相互的关联和交叉，其实质都是中国知识分子基于中国国情，在东西方文明的碰撞中艰难找寻治世、强国、富民的中国道路。

中国是有着悠远农耕文化传统的文明古国，国人对农耕文化的重视、迷恋和依赖使得中国农业大国的地位从古至今未有改变，所以，农业的发展水平、农村的现实状况、农民的生活水平制约着整个国家和民族的发展。中国历史把“农业”“农村”“农民”和“国家”紧紧地连在了一起，农业和国家、民族的发展息息相关，“以农为本”“重农”“重农抑商”等几乎成了几千年来中国政治、经济生活发展的金科玉律，国人对农业也有着超乎寻常的关注。

20世纪初辛亥革命的发生、“五四运动”的爆发、新文化运动的兴起，赋予了国人新的精神、文化食粮，民主、科学、国民性、现代化、工业化等名词开始在人们的生活中出现。20世纪20—40年代，有识之士对中国富国强民的现代化、工业化道路实现问题做出了不同的思考和设计。对于“农业”与工业的关系怎样、农业在国家中的地位如何、农业将走向何处等问题，思想界、知识界涌现出种种思潮，“以农立国”“以农建国”“以农兴国”等理论的出现并伴之大胆的“乡村建设”实践，使得“农国论”的提出更趋合理性、完整性和可行性。

今天看来，当时各派知识分子的观点仍有一定的借鉴意义，知识分子本身为寻求经济发展而做的努力也是值得肯定的。但是，由于各派的论战、实践都还停留在传统经济政治框架内的修修补补，因此具有不可避免的认识局限性，更不能找到中国发展道路的根本所在，无法实现其理想与抱负。事实证明，只有真正实现民族独立和人民解放，中国的三农问题才能得到根本解决，中国才能从真正意义上实现立国、富国、强国。

20 世纪 20—40 年代中国知识界关于“农国论”的探讨，是不同学派知识分子对中国现代化道路和国家民族出路探索的美好设想与艰辛探索历程中的重要环节，展现出近代中国知识分子在民族危机面前对国家民族出路的深沉思考和忧国情怀。客观分析和评价他们主张的理论价值和历史局限，对当今中国特色社会主义现代化道路及乡村振兴战略都有着启示和借鉴作用。

第一章　20 世纪 20—40 年代“农国论”的提出

第一节　从传统“农本”到近代“重农”

一　中国“农本”传统的源远流长

对世界绝大多数民族来说，农业生产是先民赖以生息、繁衍与发展的经济基础。中国是世界上最早的农业国，是最早进入农业文明的国家。考古发现证实，早在一万年以前，中国先民就在长江和黄河流域的中下游广大地区，从事原始农业活动，开始了水稻和粟等粮食作物的种植以及家畜（猪狗牛羊）和家禽（鸡鸭）饲养。八、九千年前时就已经形成了南稻北粟的水旱农作的分区格局。七千年前的河姆渡居民和舞阳贾湖居民，就已经过上了稻作农耕、荡舟捕鱼，即“稻饭鱼羹”丰衣足食的农家幸福生活（见图 1 - 1）。

农业是人类最重要的生产部门，是人们衣食住行等维系生存的一切生活资料的最重要来源，自古受到人们的高度重视。中国目前尚未发现世界上最早的农业百科专著，但像欧洲古罗马迦图公元前 160 年的《农业志》那样的农书内容，中国则早在公元前一两千年就已经散见在《周礼》《周书》《礼记》《大戴记》和其他史志以及春秋战国时期诸子百家的著作之中。中国历来以农立国，历代王朝都重视农业，中国农学乃至技术以及农书的刊行等，都曾领先于世。农业经济发展早，比重大，人口多，这种传统经济造就了农业文化的早熟。民以食为天，农业稳定、农民安居则国家稳定、社会安定，历史悠久的中华文明便以这种“重农”“尚农”的“农本”思想闻名于世。

图1-1 中国远古农业场景（彩陶制作示意模型）

有人曾这样概括国情：“中国自神农发明耕稼以来，举国养生之具靡不资之于农。一部廿四史，所记重农抑商的诏令，几乎每朝都有。天子亲耕，后妃亲蚕；各州县都有先农坛，凡牧民官吏，于立春日，至今仍有亲执耒耜的仪节。而周公之豳风，晁错之《贵粟论》，尤为历代学者所称颂。这种重农的风气，差不多自神农至清季都没有变更……”① 事实确实如此。无论是文治武功显赫的汉唐盛世，还是旋兴旋灭的短命王朝，只要统治阶级还想继续统治下去，就不能不把发展农业经济视为立国之本、图强之术。在我国传统经济史上，“民之大事在农”②，几乎是所有政治家和思想家众口一词的结论。千百年来，“帝籍田、后亲蚕”的典礼频频导演；驱农务本的诏书、法令屡屡颁布；劝课农桑的政论、对策、奏议以及广泛流传于民间宣扬以农治家的“家规”“家训”等，更是不计其数，充斥史乘。“农本”思想在我国传统经济思想中始终占据主导地位。

可见，在中国这个农业大国中，作为国民经济基础的农业，其兴衰决定了整个国民经济的成败。农业丰收则国家强固，农民富裕则民

① 孙倬章：《农业与中国》，上海《申报》1923年10月25日。

② 《国语·周语上》。

族强盛，农村稳定则社会安宁。从古代统治者颁布轻徭薄赋政策以减轻农民负担，实施保甲制度或邻里制度以进行政治控制，制定乡规民约以稳定农村社会秩序，到现今每年“中央一号文件”对农村、农民、农业等“三农问题”的关心、关注，十九大乡村振兴战略的首次提出和有力部署，都可视其为“农本”思想的持续体现。

（一）传统“农本”思想发展脉络

在中华文明发展的历史长河中，农业不断发展，人们对农业的作用地位认识不断深化，高度重视农业经济的结果就是形成“以农为本”的思想观念，这是我国传统思想文化的主要脉络之一。

“断木为耜，楺木为耒”的神农氏，“教民稼穑”“树艺五谷”的后稷，分别被古人尊为“农皇”或奉为先祖；“尧谨授时，禹勤沟洫，稷播嘉种”①，上古时期的传说诉说着中国重农传统的源远流长。在出土的商代甲骨文中，则有大量关于商王占卜农业收成如何，祈求“受禾”“求年”“有足雨”的卜辞。商王武丁“旧劳于外，爰暨小人”②，则是他重视参加农业生产的见证。农业在商代的社会经济中不仅已成为一种重要、稳定的生产活动，并且得到了包括商王在内的社会上的普遍重视。西周王朝建立后，周公指责正是商末数王“不知稼穑之艰难，不闻小人之劳作”导致了商朝的灭亡，高度称赞周文王直接参加农业生产，“自朝至于日中昃”。③ 周人首创了带有国之大典的政治色彩的“籍田”典礼，因此，周宣王时由于政绩松弛而废除“籍田”，导致虢文公的一番严厉指责：“民之大事在农。上帝之粢盛于是乎出，民之蕃庶于是乎生，事之供给于是乎在，和协辑睦于是乎兴，财用蕃殖于是乎始，敦庬纯固于是乎成……”④ 这一番话，无疑是我国历史上最早的一篇“重农宣言”（见图 1－2）。

---

① 《农政全书·卷之三》。

② 《尚书·无逸》。

③ 同上。

④ 《国语·周语上》。

图1－2 发明华夏原始农业的“农耕五祖”群雕①

给传统的重农思想注入新的内容是在战国时期，“农本”思想就是这一时期的产物。这里的“农本思想”有两层含义：“其一是说农业是治国安邦的根本大计。其二是说农业与工商业相比居于首要位置。”② 农业不仅成为各诸侯国最主要的经济活动，而且与连绵不断的兼并战争紧密地联系在一起。因为农业经济提供了决定战争胜负的物资储备和人力资源这两个因素，所以商鞅明确主张以农业生产为本业，以奢侈品生产为末业，强调“事本禁末”。从商鞅变法制定的各种奖掖耕战的措施，到韩非公然倡导“重本（农业）抑末（商业）”，主张严厉打击“五蠹”（指儒者、侠客、纵横家、患御者、工商之民）的思想，战国时期的历史进程也充分证实了“耕战”政策是当时最成功的治国之术。秦国由于始终坚定不移地贯彻“耕战”政策，

① 伏羲（xī）“教民养六畜，以充牺牲”；神农氏选育“五谷”，发明木耒、耜（sì），教民定居；黄帝率民繁衍生息，男耕女织；嫘祖发明养蚕制衣；大禹“三过家门而不入”防水除害，指导农业生产。

② 李钟麟：《论儒家的重农思想与现代新农村的建设》，《理论界》2007年第2期。

终于从西陲的一个小诸侯国，发展成为一个积粟巨万，带甲百万的泱泱大国，至秦始皇时方能一统天下。难怪秦始皇二十八年所立的琅琊刻石有这样的颂词“皇帝之功，勤劳本事，上农除末，黔首是富”（见图 1－3）。①

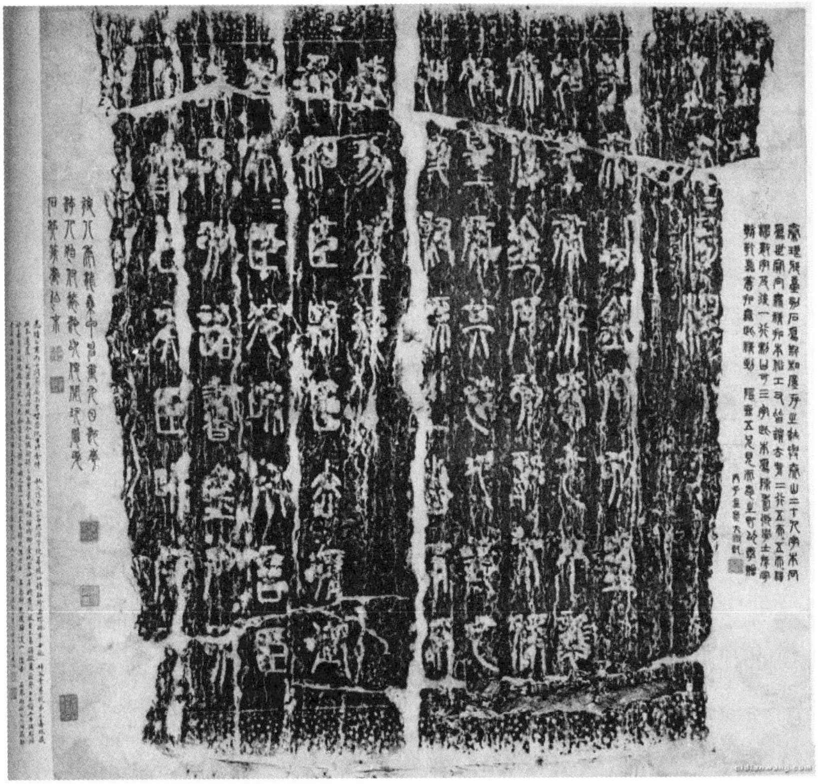

图 1－3　《琅琊刻石》

西汉王朝继承和发展了秦以来的“农本”思想。从汉高祖践祚初始即着手发展农业生产、打击抑制危害农业的士人阶层，到景帝则首次以皇帝诏书的形式宣告：“帝亲耕，后亲蚕，为天下先……欲天下

① 《史记·秦始皇本纪》。

务农蚕”①，到西汉中叶，汉武帝凭借文景时积蓄下来的巨大财富，开始驱匈奴、伐五岭、通西域、兴土木、求神仙、行封禅，取得了显赫的业绩。武帝晚年，在财力相当空虚、帝国已岌岌可危的形式下，“方今之务，在于力农”的基本国策，使农民们再次用自己的辛勤劳动创造了“昭宣中兴”的小康局面，使西汉王朝转危为盛。这也昭示了农耕经济的顽强生命力，这恐怕也是统治者对此青睐有加的重要原因。

东汉魏晋南北朝时期，封建社会早期的商品经济，几经战乱的摧残和统治阶级的严厉压制，由盛而衰，自然经济占据了统治地位。在封建统治阶级颁法设令，督民不废耕织的影响下，即使入主中原的少数民族政权也逐渐抛弃游牧文化，迅速接受并发展农耕生产，完成游牧型经济向农耕型经济的转变。如北魏道武帝拓跋珪初定中原，即把“劝课农桑”视为施政之本。孝文帝拓跋焘为了尽快完成向农耕型经济转化的过程，推行了以均田制为核心内容的改革。至于偏安江南的东晋王朝和相继而立的宋齐梁陈四个小朝廷亦是如此。

隋唐时期的封建社会经济繁荣到了顶点，“河清海晏”，“物殷俗阜”的贞观和开元盛世，诉说着中国农业经济文明的流光溢彩。隋唐时代的开放和宽容使得纯正的“农本”思想，随着工商业经繁荣，在主张重农的同时，对商品经济的发展也表示了一定的宽容态度，这是这一时期“农本思想”发展的新特点。

到了宋元明清时期，商品经济开始向自然经济展开冲击。尤其明清之际，在经济相对发达的江南地区开始萌芽。但是，“农本”思想仍以它强大的历史惯性继续雄踞传统经济思想的主导地位，宋元明清的封建统治者和思想家大多楬橥“农本”的旗帜。宋太宗赵光义非常重视农业生产，曾令近臣取京畿田中的禾苗查看农情，还下令每县推一名懂得树艺之法的人为农师；崛起于漠北的马上天子忽必烈即位

① 《汉书·景帝纪》。

之初就首诏天下：“国以民为本，民以食为本，衣食以农桑为本”[①]；出身于田舍农家的明太祖朱元璋，下令每一自然村置鼓一面，凡逢农时，五更天就擂鼓催促农夫下田耕耘[②]，真可谓用心良苦。清初统治者入关后一度采取摧残农业生产的“圈地”政策，但不久就迅速纠正，回到重农的传统轨道上来，采取招徕安顿流民、许垦荒地、奖励人口繁殖种种方法来恢复和发展农业生产（见图 1 -4）。

图 1 -4　古代耕织图

就是到了近代社会，重农的思想和传统仍继续发挥着它的巨大影响，“农本”思想之花历经王朝更迭，芬芳依旧。

（二）“农本”思想在古代中国长久不衰的历史原因

以上是中国“农本”思想产生与发展的基本脉络，在自然经济

① 《元史·食货志》。
② 《古今图书集成·食货典》。

占主体地位的古代社会，农业受到高度的重视本是题中应有之义。但形成中国传统经济思想中独特的“农本”思想，则还有其深厚的理论依据。概而言之，古代思想家对农业都极为重视，从先秦法家学派的甚为重农，到汉武帝“独尊儒术”之后的儒家兼容百家，中国的经济思想领域虽有变化，但是对农业的重视却是始终如一的。细绎有关“农本”思想的各种学说，大致可归纳为以下几个方面。

1. 农业是人们的衣食之源，是人类生存和延续的基础

马克思说：“人们首先是吃、喝、住、穿，然后才能从事政治、科学、艺术、宗教等等。”如果人们没有吃，没有穿，不但不能从事物质生产或其他活动，连生存也成了问题。这个浅显而又重要的道理，古人把它认识得很清楚，如“民之所生，衣与食也”①，“衣食之于人，不可一日违也”②，“衣食之生利也”③，“食不可不务，地不可不力也”④。“五谷者，民之司命也”⑤，“粟也者，民之所归也”，“国之多财，则远者来，地辟举，则民留处”⑥。《韩非子·五蠹篇》指出：“夫耕之用力也劳，而民为之者，曰可得以富也。”西汉思想家晁错进一步从人的本性来阐释衣食的重要性：“人情一日不再食则饥，终岁不制衣则寒。”⑦ 而且在古代社会中，除了农业这个最基本的经济部门之外，确实也没有其他行业能像农业那样，在满足人们最基本的生存需要方面发挥如此重要的作用。因此，《管子·轻重甲》所说：“一夫不耕，民或为之饥；一女不织，民或为之寒。”这段关于农业生产重要性的精彩论述，被后世历代主张重农的统治者和思想家奉为圭臬。

衣食是人们生存的基础和保障，万万忽视不得，而农业则是衣食

① 《管子·禁藏》。
② 《管子·侈靡》。
③ 《墨子·节葬》。
④ 《墨子·七患》。
⑤ 《管子·揆度》。
⑥ 《管子·治国》。
⑦ 《汉书·晁错传》。

的直接提供者，因此，农业就成为“古代世界的一个决定性的生产部门”，“供应人类世世代代不断需要的全部生活条件”。可见古代社会，农业直接为人类提供了衣食之源，是人类得以延续和发展的基础，这是它得以重视的最根本原因。

2. 农业是国家财富的主要源泉

从传统经济思想中关于财富的观念来看，古代思想家所谓的财富，主要是着眼于物质的自然属性和使用价值。《礼记·曲礼》记载：“问君之富，数以地对，山泽之出。问大夫之富，曰有宰食力，祭器衣物不假。问士之富，以车数对。问庶人之富，数畜以对。”《曲礼》所谓的财富都是指物质的自然形态和使用价值。在以农业经济为主的古代社会，最能体现财富的自然形态和最富有使用价值的，只能是粮食与布帛，这使得以男耕女织为主要内容的农业社会生产理应受到特殊的重视。

这种从物质的自然形态和使用价值的角度来认定财富的观念，对“农本”思想的形成起到了决定性作用。在这种思想的指导下，它只承认农业生产才是国家财富的唯一来源。因此，农业生产称之为“本业”，务农致富视之为“本富”。不仅对封建统治者来说，“桑麻梢于野，五谷宜其地，国之富也”①；就是在民间亦是如此。《颜氏家训·治家篇》所反映的魏晋时地主阶级的理家原则，不但强调要自耕而食、自织而衣，而且连日常生活所需的各种器物都要经过自身劳动“具以足”，绝少与商品经济发生联系。就是在商品经济相对发达的宋元明清时期，社会上仍然普遍认为只有农业才是财富的可靠来源。北宋后期人李新说，商人“持筹权衡斗筲间，累千金之得，以求田问舍”。② 元人马端临也说：“古人致富，不以金也。”③ 明人李贽认为：“富者力本业，出粟帛以给上。”④《农政全书》的作者徐光启，十分

① 《管子·立政篇》。
② 《跨鳌间》卷20，《上王提刑书》。
③ 《文献通考·征植》。
④ 《藏书》（卷17），《富国名臣总论》。

肯定地回答：“古圣王所谓财者，食人之粟，衣人之帛。”[①] 明清之际，尽管徽州风俗号称“民鲜田畴，以货值为恒产”，可是徽商所积蓄的大量金钱却是多数回归于农业经济之中。例如歙县江终慕年轻时游历经商，但看到“挟重赀为大商时”，却返归故土，“渐治第宅田园为终老之计”。[②] 凡此种种，都足以证明，在这种建立在自然经济基础之上的财富观的影响下，把农业生产视为“本业”的观念是根深蒂固的。

3. 农业是国泰民安的物质基础

因为传统经济思想的财富观主要是从物质的自然形态和使用价值着眼，故而对谷帛尤为重视；在观察衡量国家财富的时候，也以谷帛积蓄的多寡作为测量国力的一个重要标准。《礼记·王制》指出：“国无九年之蓄，曰不足。无六年之蓄，曰急，无三年之蓄，曰国非其国也。”所谓的“王制”，就是把农业生产的好坏提高到与国家政权兴亡的高度。类似的看法还如“有十年之积者王，有五年之积者霸，无一年之积者亡”[③]；“禹有十年之蓄，故免九年之水。汤有十年之积，故胜七岁之旱”[④] 等。

人民丰衣足食才能安居乐业，辛勤劳动，社会得以安定，国家才能富强。反之“放辟邪侈无不为也”，哪里还谈得上国泰民安呢？管子说“治国之道，必先富民，民富则易治也，民贫则难治也”[⑤]，而民富国强的标准则是“粟帛”的增加，所以开启法家之先河的李悝，把积蓄粮食放在治国的首位，创立“平籴”之法，提倡“尽地力”之说。商鞅则主张凡为国民，男要尽心而耕，女要竭力而织，“致粟帛多者”免除徭役，若是惰于耕织则处以重罚，甚至举家没为国家奴婢。集法家之大成者韩非，更是注重强调耕织、积蓄与富国三者之间的关系。《韩非子·五蠹篇》说：“富国以农。”《显学篇》说：“上

① 《农政全书》（卷16），《旱田用水疏》。
② 见《明清时期徽商资料选编》，黄山书社1985年版，第259页。
③ 《汲冢周书·文传解》。
④ 《盐铁论·无蓄》。
⑤ 《管子·治国》。

急耕田垦草，以厚民产也。”也正是因为农业生产所提供谷帛数量的多寡，是衡量国家经济实力的重要标尺。所以，统治阶级要想求得长治久安的统治，必然要把发展、保护农业生产视为施政的首要任务。孔子就主张为政的首要任务是“足食”。[①]《管子·立政篇》规定“君子”应务的五件政事，除第五项是禁止“工事竞于刻镂，女事繁于文章”之外，其他四项均属于发展农业经济之类。后代的思想家大都继承了这种思想，并且加以高度的发挥。后魏时的农学家贾思勰的《齐民要术》和明人朱健的《古今治平略》，都将历代农政置于卷首珍重的地位，视“农本”为治国平天下的首要任务。徐光启的《农政全书》，亦是如此（见图 1－5）。

图 1－5　徐光启《农政全书》

---

① 《论语·颜渊》。

另外，“农本”思想除了在最直接的意义上重视农业经济之外，还要重视农业经济的负担者——农民。农业经济是国计民生之“本”，而农民则是农业经济之“本”。无数农夫、农妇的辛勤耕耘和纺绩，维系了中国社会经济的命脉，所以农民阶层的生产、生活状况如何，不仅影响到农业经济，而且事关国家政权的安危和社会上各阶层生活的安定。农民阶层是历代封建政权财源和兵源的主要负担者，肩负着绝大部分的各种繁重的赋税、徭役。宋人范祖禹在《论农事》一文中说：“天生时而地生财。自一粒一缕以上皆出于民力，然后人得而用。人臣之禄受之于君，故不可不报君。君之奉取之于民，不可不爱民。天子者，合天下之力而共尊之，凡宫室车马服食器用，无非取于天下，皆百姓之膏血也。”[①] 剖析了民（农）、财（各种赋税、徭役）、君臣（政府）三者环环相衔，互为依存的关系。农民阶层在农业经济中占据如此重要的地位，但是农民阶层本身的生活却是异常艰辛。晁错曾生动地描绘了汉代自耕农的艰辛劳动与困苦生活，以及“卖田宅，鬻子孙，以偿责者”[②] 的凄惨处境。西汉盛世农民的日常生活尚且如此，倘若时逢乱世，其结果可想而知。长期生活在这种穷困环境下的农民，一旦有合适的机会，就会像弃之若敝屣一样脱离农业生产，转向赢利较丰、生活相对安逸的工商业或其他行业。因此，如何稳定农业生产的劳动力，保证赋税徭役的顺利征发，这对历代封建统治者来说都是一道棘手的难题。所以，为了防止农民阶层走上“舍本逐末”的道路，“农本”思想和政策的一个重要组成部分就是要求统治阶层在一定范围内注意和改善农民的生产和生活环境，千方百计把农民固定在农业生产中。

4. 农业是战争胜利的必要条件

古代的战争与农业经济有着天然的联系，古人十分懂得农业与战争的关系，《管子》中指出：“地之守在城，城之守在兵，兵之守在

① 《古今图书集成·食货典》。

② 《汉书·晁错传》。

人，人之守在粟，故地不辟，则城不固。”[①] 孔子也说：“足食足兵，民信之矣。”[②] 只有以粮食为主的物质财富增加了，才能富国强兵，只有富国强兵，才能战胜固守。另外“耕器具则战器具，农事习则巧战功”[③]，也是很好的注释。如果说从事农业生产仅仅是辛勤劳苦的话，那么，投锄从戎则难免有性命之忧，当然这绝非农民愿为之事。所以，历代封建统治者为了驱使农民争战，以保证在战争中拥有足够的兵源和物资，除强制之外，还须在重农的旗帜下以利相诱。如商鞅变法时规定，凡作战有功者，按斩首数量授予爵秩，并据此占有相应的奴婢、田宅。再如唐高祖李渊起兵太原，平定天下后，对所依赖的南北衙兵，除留三万宿卫京师外，其余的均分予“渭北白渠旁民弃腴田”以示奖掖[④]，可证出于“强兵”的需要，封建统治者也非提倡“农本”不可。

5. 农业是治国安邦的统治利器

农业产生之后，定居、以血缘关系为纽带形成的村落聚居的生活形态形成了我国古代社会的伦理秩序。农民在长期的农业生产和生活中所形成的诚朴守信等群体性格，以及安土重迁、守望相助等乡风民俗在保障国家安全、维护社会稳定上具有重要的功用。[⑤] 在战国时期的商鞅看来，朴实的农民安于农耕，敬畏法令，轻易不会犯上作乱。农民恋土守土的情结，在国家面临重大战事时“纷纷则易使也，信可以守战也”[⑥]，从事农业的农民多为诚朴守土之人，可使社会“少诈重居”，加之以法令赏罚，便可形成“民亲上死”的制度，促进国家的稳定发展。

6. 农业是中华文明传承的重要母体

中华民族的先民在伏羲和神农之世，就已从渔猎生产逐渐进化到

---

① 《管子·权修》。

② 《论语·颜渊》。

③ 《管子·禁藏篇》。

④ 《新唐书·兵制》。

⑤ 谭光万、樊志民：《战国秦汉农业功能的国家定位与制度强化》，《西北农林科技大学学报》（社会科学版）2013 年第 1 期。

⑥ 蒋礼鸿：《商君书锥指》，中华书局 1986 年版，第 24—25 页。

了农业文明。在尧、舜时期，就已经有了崇尚人伦道德的价值取向；在夏、商、周三代，中国就已经有了以“明人伦”为宗旨的学校教育。“农业文明加上以‘明人伦”为主的学校教育，就是中华民族和中国文化的耕读传统。”① 农业文明大多是聚族而居，重视宗族和家庭，重视宗法秩序和家庭伦理，倡导守望互助、协和万邦的价值取向。长期的艰苦的农业生产和生活中，使得中华民族很早就养成了勤劳勇敢、克勤克俭的美德。定居的农耕劳动中衍生出的爱好和平、天人和谐等生活智慧在中华民族广大民众的素朴话语和人伦日用中体现。节俭不仅具有道德修身的重要意义，而且“节用”“爱物”给自然界以繁衍生息之机，具有使人类与自然界相协调而可持续发展的意义。② 农业文明中形成的对天地的敬重和效法演化成为“自强不息”“厚德载物”的精神追求。因此，中国农业是孝悌为本、崇尚道德、克勤克俭、人与天调、自强不息、协和万邦等耕读文化孕育的母体，也是中华文明传承的重要母体。

（三）传统“农本”思想的历史作用

在我国传统的经济思想中，“农本”思想最重要且极具中国特色，它的产生与发展，对我国漫长的封建社会的进程，起到了巨大的而又复杂的历史作用。其中既有积极的因素，也不可避免地带来了一定的消极影响。

就积极因素而言，我们引以为自豪的悠久灿烂的古代文明，实质上是农耕文明最为典型的代表，而“农本”思想和政策对于维系这一文明的发展起到了重要的保障作用。“农本”思想是封建上层建筑的正统的重农主义的体现，在封建社会的上升时期，具有丰富多彩的内容，充满着生机和活力，对于巩固封建政权、促进生产力的发展和经济的振兴起着十分重要的作用。自从春秋末年“井田制”逐渐瓦解以后，小农经济成为我国农业经济的主要表现形式。不论是“一家

---

① 参见李存山《中华民族的耕读传统及其现代意义》，《中国社会科学院研究生院学报》2017 年第 1 期。

② 参见《佚周书·文传》：“山林非时不升斤斧，以成草木之长；川泽非时不入网罟，以成鱼鳖之长。”

五口，耕田不过百亩”的自耕农，还是“或耕豪民之田，见税什五”的国家佃农都是以一家一户为生活单位，以男耕女织为生产方式。这种狭小的生产规模与不发达的分工方式，使小农经济显得异常脆弱，无力抵抗自然界或人为因素的侵扰。每次天灾、人祸、暴政、兵燹之后，无数破产的农民或“转死沟壑”，或“背井离乡”，或“聚啸山林”。但是也正因为小农经济分散、脆弱和经营规模的狭小，同时又具有顽强的再生能力，这便于封建政府扶持、重建。在我国历史上，每一个新兴的封建王朝渡过劫难之后，都无一例外地奉行“农本”政策，采取奖掖垦荒、解放奴婢、安置流民、分配土地、抑制兼并、兴修水利、轻徭薄赋等重农政策来重建、复苏小农经济。从西汉初期的“人相食，死者过半”到有名的盛世“文景之治”，以及唐朝的“贞观、开元之治”、清朝的“康乾盛世”，相似的历史进程，在这片古老的土地上不知重演了多少次，男耕女织的小农经济形态绵延了两千多年，虽然饱经历史的磨难，却从来没有完全被摧毁，而且在许多不同的历史时期，多次显示出它的勃勃生机，封建国家以扶植小农经济为核心内容的“农本”思想与政策，在其间确实发挥了不可估量的巨大作用。

然而，建立在自然经济基础上的“农本”思想，虽然在保护农业经济方面有其合理的一面，可是一旦超越了单纯的农业经济的范围，“农本”思想的片面性与局限性也是极为明显的。“农本”思想主要从农业产品的角度去衡量财富，“把劳动的一定形式——农业——看作创造财富的劳动……这种产品还与活动的局限性相应而仍然被看作自然规定的产品——农业的产品，主要是土地的产品”，狭隘的财富观限制了人们的视野，缩小了人们从事经济活动的范围，导致了人们考虑与观察问题只能侧重于农业生产，而把其他经济活动视为不能创造财富，甚至是危害财富的产业去盲目加以抵制与排斥。作为“重本（农业）”的孪生政策——“抑末（工商业）”的提出与实施，正是基于这样的考虑与认识。

特别是到了近代社会的前夜，西方先进的生产技术和商品经济的思潮开始向古老的中华帝国展开冲击。“农本”思想也随着封建地主阶级政权的日益腐朽而表现出严重的保守性和落后性。把农等同于粮的狭隘农业观，使得重农和贵粟成了同义语，这对农业的全面发展产生了消极影响；把重农与抑商紧密结合在一起，把货币与商品经济的存在，归结为封建社会停滞、腐朽、农民贫困、社会动荡不安的原因，主张“抑商”，甚至主张罢“铸钱之官”，废除货币，“使百姓壹归于农，复古道边”，这不能不严重阻碍商品经济的发展和社会的进步。代表着地主阶级改革派的进步思想家龚自珍和魏源等人关于农业经济的看法，也深留着传统的“农本”思想的烙印。如龚自珍主张按封建宗法关系，把人们分成大宗、小宗、群宗和闲民四个等级，并因不同等级“按宗授田”，以此达到“通古今、定民生”① 的重农目的。魏源仍然把“食”看作“本富”，宣扬“金玉非宝，稼穑为宝，古训昭然”②，仍然没有脱出传统“农本”思想的窠臼。

由此可见，中国近代商品经济的不发达以及思想观念上的落伍，其中原因固然很多，但是，传统“农本”思想的巨大影响，仍是一个不容忽视的重要因素。

二　从中国传统“农本”思想到近代重农主义

中国近代商品经济的高度发展，国门大开后的西学东渐，使得以重本抑末为核心的传统农本观受到冲击。特别是鸦片战争后，我国阶级矛盾与民族矛盾交织，经济危机与社会危机并发，中西方文化激烈碰撞，具有爱国主义思想和经世务实作风的广大知识分子在继承传统文化之精华的同时，“取西方文明之公器”，突破旧有观念的藩篱，对传统的“农本思想”进行了改造和革新，既强调高度重视农业，又认识到要促进工商业的发展，必须建立市场化的新型现代化农业，从而掀起了一股较浓厚的近代重农思潮（见图1－6）。

---

① 《农宗》，《龚自珍全集》（上册），中华书局1961年版。

② 《治篇十四》，《魏源集》（上册），中华书局1978年版。

图1-6　中国近代农业变革的先驱①

（一）发展阶段

中国近代重农思潮的发展大体上经过了以下三个阶段：

第一阶段，鸦片战争前后，近代重农思潮在传统农本观自我改造中萌生滥觞。其代表人物有魏源、冯桂芬等，他们认为传统的农本商末思想有其合理性、必要性，但面临新的形势，必须采取新的政策，优先发展工商业才能富国强兵，抵御外侮，挽救民族危机。

魏源首先对传统农本思想作了修正，把农业生产出的自然形态的财富（“食”）视为本富，而把表现为货币形态的财富（“货”）称为末富，指出：“语金生粟死之训，重本抑末之谊，则食先于货；语今日缓本急标之法，则货又先于食。”② 即从一般意义上说，“本”比“末”更重要，但从目前形势看，“末”比“本”更急迫，货更应该优先解决。魏源初步提出了以发展工商业为导向的新的农本思想，为

① “开眼看世界”的代表人物魏源、中国第一报人王韬、改良主义思想家郑观应、撰写《适可斋纪言》的马建忠、维新派骨干陈炽、近代著名的实业家和教育家张謇。

② 《圣武记·军储篇一》。

实现对传统农本思想的革新和超越提供了一个思想发展阶梯。

冯桂芬进一步改造了传统农本思想。他看到自五口通商后，“上海一口，贸易岁四五千万，而丝、茶为大宗居”，因而认定“茶桑又并为富国之大原也”。[①] 种茶、树桑的目的是为生产出口商品。可见他所重视的已非自然经济条件下自给自足的传统农业，而是以市场为导向的近代化新型农业。

第二阶段，鸦片战争打开了中国闭锁的国门，西方农业思想随之传入中国。在“振兴商务”的口号下，一些近代学者提出了借鉴西方先进农业思想发展中国农业的主张，近代重农思潮日益兴起。这一阶段主要以王韬、薛福成、郑观应等为代表，提倡工商立国，农为互补。

王韬要求彻底抛弃重本抑末思想，在促进农业生产的基础上，学习西方资本主义国家实行的惠商、助商政策，大力发展工商业，以实现国家富强。他率先明确提出兴办新式农业，倡导用器耕田，“以利耕播”，使“农事日盛”，又指出“农事日盛”“皆非崇尚西法不为功”[②]，主张吸收西方农业思想的合理因素来改造传统农业。

薛福成认为，发展农业生产可增加本国商品的供给，使其价格低廉，增强本国商业国际竞争力，扩大出口商品的数量，为了扩大对外贸易，他主张大力发展农业生产，“宜令郡县有司劝民栽植桑茶”。[③] 薛福成十分赞赏西方农学：“盖西人于艺植之法，畜牧之方，农田水利之益，讲求至精，厥产已胜于膏腴之地”[④]，主张积极引进西方先进的农业理论，以促进本国农业的发展。

郑观应指出：“以农为经，以商为纬，本末具备，巨细毕赅，是即强兵富国之先声，治国平天下之枢纽也。”[⑤] 为取得“商战”的胜利，他要求统治者积极发展农业，“如有胜于寻常者，优加奖赏”[⑥]，

---

① 《校邠庐抗议・筹国用议》。

② 《韬园文录外编・臆谭・理财》。

③ 《筹洋刍议・商政》。

④ 《薛福成选集・西洋诸国导民生财说》。

⑤ 《盛世危言・农功》，郑观应《盛世危言初编商务》。

⑥ 《盛世危言・商战上》。

并仿效欧美诸国“讲农学，利水道，化瘠土为良田，使地尽其利”①。郑观应的“农经商纬”说是近代一种新型的农本观，其特色是将重农与重商结合起来，实施“商战”。

第三阶段，甲午战争的惨败，是中国国力衰微的见证。为了实现国富民强，有识之士开始进一步认识到农业的重要性，要求提高农业的地位，并积极主张采用西方先进农业科技，以加速促进农业生产的发展和现代化。近代重农思潮的代表人物有梁启超、张謇等，他们沿用了本末的范畴来论述农业和工商业及其在国民经济体系中的地位，但不轻视工商业，认为它们与农业一样重要，迫切需要发展，都是国民经济不可或缺的部门。

梁启超从甲午战争失败的沉痛教训中深刻认识到，农业是工商业发展的基础，要振兴商务首先要发展农业：“工艺不兴，而欲讲商务，土产不盛而欲振工艺，是犹割弃臂胫而养指趾，虽有圣药，终必溃裂。”② 他反对片面仿效西方国家进行“商战”而轻视农业生产，“论者每谓西人重商而贱农，非也”，“西人富民之道，仍以农畜牧为本”。③ 因此，他极力主张采用西方先进的农学知识来促进农业生产的发展，“以西国农学新法经营之”。④

张謇明确表示“天下之大本在农”，“凡有国家者，立国之本不在兵也，立国之本不在商也，在乎工与农，而农为尤要。盖农不生则工无所作，工无所作则商无所鬻。相因之势，理有固然”⑤，他还特别强调了农业为工商业提供原料来源的作用，将其视为“工商之本”。这种以农为本、面向市场的农业发展思想，可谓是对中国传统农本思想的否定之否定，基本上代表了近代重农思潮发展的巅峰。

众多有识之士的呼吁，引起了社会各界和统治者的响应。要求重视和大力发展近代化农业成为了一股时代潮流，并成为一项政府的经

---

① 《盛世危言·自序》。

② 《农学报·序》，《农学报》（第一册），卷首。

③ 《西学数目表》。

④ 《农会报·序》，《饮冰室文集》（卷四），第12页。

⑤ 《张季子九录·实业录·请兴农会录》。

济政策。1898年7—8月总理衙门两次颁布上谕，宣称“农务为富国根本，极宜振兴”，要求各地督抚“切实兴办，不得空言”，并劝谕绅民“兼采中西各法”①，发展农业。这是中国历史上官方首次公开提出采用西方农学促进中国传统农业改造和发展的事例。

其中，“公车上书”和“明定国是”诏书的颁布，推动了近代农业科学技术迅速进入中国，促进了中国农业科学技术的转变，传统农业开始向近代农业转化。

（二）重农实践

为了振兴中国农业，在近代重农思潮理论的指导下，其倡行者们提出并实践了一系列促进农业生产发展的措施，主要有以下几个方面：

1. 实现农业生产机械化，推行农业经营规模化

冯桂芬是中国近代主张使用西方农业机器的首倡者。他指出：“前阅西人书，有火轮机开垦之法，用力少而成功多，荡平之后务求而得之，更佐以龙尾车等器，而后荒田无不垦，熟田无不耕。居今日而论补救，殆非此不可矣。”② 王韬倡言：“有铁以制造机器，可推之于耕织两事。或以为足以病农工，不知事半功倍，地利得尽，而人工得广，富国之机权舆于此。”③ 此后，倡导使用农业机器成为中国近代思想家发展农业生产的一个重要主张。康有为认为中国小规模农地经营的局限性在于，“中国许人买卖田产，故有各得小区之地，难于用机器以为耕，无论农学未开，不知改良。……即使农学遍设，物种大明，化料具备，机器大用，与欧美齐；而田区既小，终难均一”。④

麦孟华在对小农经济思想提出批评后指出，要实行西方先进的生产方式，实现中国农业经营状况的根本改善，应当推行西方农业大规模经营的方式。他说：“化学之器，动费数万，打稻之机，佳者愈千，工作之夫，少数于百，一人之力，能任之乎？即任之矣，而业大业

① 《光绪朝东华录》（第4册），第4110页。

② 《校邠庐抗议·垦荒议》。

③ 《韬园文录外编·代上广州冯太守书》。

④ 《大同书·去产界公生业·农不生大同则不能均产而有饥民代上广州冯太守书》。

小，所费略同，若用新机而田亩不广，则阡陌界错，旋转费时，所事无几，不尽其用，所得之利，不敷租工，泰西机器之利，所以亦独厚于大农也。”①

2. 推崇资本主义生产经营，号召政府扶助农业政策

重农主义者认为中国以自然经济为特征的传统农业经营模式应当加以改变，并提出了两种农业经营模式：英国的大农场和法国的专业化生产。陈炽指出，中国“拥田数千亩，数万亩”的乡里之富人，采购机器，走英国式道路；“只有数亩，数十亩之田”的农民，则可以进行集约化、专业化经营，“宜仿法国之法”，“因地制宜，令各种有利之树或畜牧之类，而又为之广开水道，多辟利源，则贫者亦富矣！”② 他希望中国的大地主转化为农业资本家，而小地主和自耕农则转化为资本主义经济关系下的新型农业生产者。张謇则建议“集公司而兴农业”，也是类似道理。梁启超的橙园农场经营设想中的三种人物：地主、农场主和雇佣劳动者，则体现了资本主义生产的经营方式。梁启超极力称赞这种资本主义农场的优越性，指责封建政权对这种资本主义农业生产的压迫，“县官岁以橙贡天子，岁十月，差役大索于野，号为贡橙，罄所有乃去。百亩之橙，一日尽之矣。故今日新会之橙将绝于天下”。③ 主张通过建立农场模式，改变旧有的农业经营，实现资本主义生产经营方式，这是一种颇具近代农业色彩的主张。

郑观应十分推崇西方国家扶植农业的做法，认为“泰西农政皆设农部总揽大纲，各省设农艺博览会一所，集各方之物产，考农时与化学诸家详察地利，各随土性，各种所宜”④，又“农部有专官，农功有专学。朝得一法，暮已行于民间。何国有良规。则互相仿效，必底于成而后已”⑤。要发展中国农业，实现地尽其利，必须“农政有

① 《民义第二・公司》，《时务报》，第二八册。
② 《继富国策・讲求农学说》。
③ 《说橙》，《饮冰室合集》（文集一），第 115 页。
④ 《盛世危言・自序》。
⑤ 《盛世危言・农功》。

官”，中国政府要像“泰西国家”那样担负起扶植和引导农业发展的重任，使政府在农业生产中担当起重要的管理角色。连孙中山都大声疾呼，“所以地有遗利，民有余力，生谷之土未尽垦，山泽之利未尽出也，如此而欲致富不亦难乎？泰西国家深明致富之大源，在于无遗地利，无失农时，故特设专官经略其事，凡有利于农田者无不兴，有害于农田者无不除”。①

3. 加强农业组织建设和宣传教育，倡导科技兴农

近代学者主张农业科学技术知识的推广和创新，倡导学习和借鉴西方先进农学和农业技术，实现科技兴农。张之洞认为，缺乏新技术是中国农业裹足不前的一个主要原因，“大凡农家率皆谨愿愚拙，不读书识字之人，其所种之法，止系本乡所见，故老所传断不能考究物产，别悟新理新法，惰陋自甘，积成贫困”。为了改变这种状况，张之洞主张派遣留学生出国学习西方先进农业技术，“学生有愿赴日本农务学堂学习，学成领有凭照者，视其学业等差，分别奖给官职。赴欧洲美洲农务学堂者，路远日久，给奖较优。自备资斧者，又加优焉。令其充各省农务局办事人员”，并要求各省将“农学诸书广为译刻，分发通省州县，由省城农务总局将农务书所载各法，本省所宜何物，一一择要指出”②，采用和推广本地适用的科技。

为了使农民普遍了解和接受先进农业科技，许多近代学者主张加强农业的组织建设和科技知识的宣传教育。张謇多次呼吁清廷建立农会，创办农报，以此促使“农政大兴”，为“乡民增志而长气”。③ 孙中山于1895年在广州建立了我国近代最早的农学会，“教授俊秀，造就其为农学之师”。④ 罗振玉等人创办农务会和农报馆，发行最早的农业报刊《农学报》，对西方农学在我国的传播和先进农业科技的推广起了重要的媒介作用（见图1－7）。

① 《孙中山全集·上李鸿章书》。

② 《张文襄公全集·遵旨筹议变法谨拟采用西法十一条折》，卷五四。

③ 《张季子九录·实业录》（卷二），第7页。

④ 《创立农学会征求同志书》，广州《中西时报》1895年10月6日。

图1－7　中国最早传播农业科学知识的刊物——《农学报》①

由此可见，近代许多有识之士顺应时代的潮流，全方位地探讨了农业改良的方法和途径，积极促进农业经济的发展，使重农、兴农成为当时一股不可逆转的时代潮流。

（三）近代重农主义的特点

中国近代重农思潮随着经济形势的发展而不断地发展变化，在一定程度上突破了传统观念的藩篱，初步实现了近代化转变，具有鲜明的时代性。这股重农思潮主要表现出了以下几个特点：

1. 注重本国特色，凸显西化倾向，实现中西并重

传统只能超越，而无法抛弃和忽视。近代中国是传统中国的延续，传统文化对人们的影响是无论怎样强调也不过分的，在许多知识分子身上，我们明显地看到传统文化心理、思维方式在他们身上烙下的深深印迹。就对农业的重视而言，人们也很容易发现他们承继了古代重

① 1897年5月在上海出版，半月刊，上海农学会主办。初名《农学》，第15期以后改名《农学报》，亦称《农会报》。1898年起改为旬刊。罗振玉、蒋黻（伯斧）等任主编。梁启超曾为之作序。1906年1月停刊。共出版315册。

农的传统，看到了农业在满足人们衣食等基本生活需要中无可替代的突出作用，以及对社会稳定、政权稳固的重要意义，体现了传统文化中求稳怕变，自给自足，万事不求人等心理痼疾。近代以降，西学东渐，无论其深度和广度均远非往昔可比，西方资产阶级思想在国门洞开后如潮水般地涌入中国，先进的中国人睁开惺忪的睡眼，打量这光怪陆离却颇为精彩的外部世界，他们从西方思想武库中寻找武器来解剖中国社会及面临的诸多问题，形成了中国历史上又一次百家竞逐、自由争鸣的盛况，改变了步入近代前那种万马齐喑、死气沉沉的局面。对工商业的强调及农工商相互依存、协调发展等无不得益于西方文化的馈赠，而兴农学、设农会，运用现代科技和经营方式实现农业的近代化更是凸显出西方文化的色彩。总之，近代许多知识分子既从传统思想宝库中汲取营养，又以博大的胸襟去接纳外来文化，努力做到融会百家、取精用宏，对中国文化的创造性转换具有十分重要的意义。

近代中国基本上固守着陈旧落后的传统农业生产方式和思想观念，造成了整个农业的退化和凋敝。随着国门的被打开和西学的传入，有识之志逐渐认识到西方农学的先进性，于是纷纷主张学习西方农学，引进西方先进农业知识和科学技术。他们通过翻译西方农书、创办农报等多种形式来宣传西方农学，并要求派遣留学生出国学习西方农学。在他们的推动下，清廷多次下令提出效法西方组织农学会，编译外洋农业诸书，采用西方农业科技。可见，中国近代重农思潮具有浓厚的西化倾向。

而在宣扬西方农学、引进西方先进农业科技知识的同时，一些敏锐的学者并未盲目崇拜和完全照搬西方农学，而是试图开创一条适合本国特色的农业发展之路。例如，对于梁启超所主张的橙园资本主义经营方式，麦孟华就批评道：“植橙之利，梁氏亟言之，然必逾百亩，收值始丰。橙之实也，必及五年，初植之时，绝无所入。围堑之费，犁溉之工，购树之资，租地之税，百亩所费，其先必得数千金。”①但是“乡僻小民，不解合财通力之义，中人之产，资借无多，事畜之

① 《说橙》，《饮冰室合集》（文集一），第 115 页。

余，羡赢能几！力既不任，逐委大利而不兴！”[①] 庞大的资金投入与中国贫穷的小农经济收入是不相适应的。他要求在引进西方农业经营和科技知识时，注重本国农业经济的特点，因地制宜、灵活变通地发展农业经济。陈炽也在积极主张学习西方农业科技的同时，十分重视中国传统农业生产经验的作用，主张融贯中西，他说：“荟萃中外农书，博采旁稽，详加论说”，使其“宜西亦宜中”。梁启超则要求把“近师日本”“远摭欧墨”和“追三古之实学”结合起来，他指出：“远法农桑辑要之规，近依格致汇编之例……近师日本，以考其通变之所由；远摭欧墨，以得其立法之所自；追三古之实学，保天府之腴壤”。[②] 中西文化并重、中西农业思想兼容的交融态势成为中国近代重农思潮的一个重要特色。

2. 坚持经济效益与社会效益并重，实现市场导向下的利权归宿

许多知识分子之所以主张要重视农业、发展农业是着眼于改变中国经济落后、国力衰微的现状。而那些主张要发展工商业、改变抑商政策的思想家们也看到单纯依靠农业无法改变中国贫穷落后的面貌，实现国家富强的目标，如严复说：“波兰、俄罗斯、西班牙、波陀噶尔诸邦，舍农而外，几无余业，而皆不富，且进治极迟。”[③] 既然农业是解决人们衣食等基本生活需求的特殊生产部门，人们不仅应着眼于经济效益，还应注重社会效益。农业的发展关系到占全国绝大多数的农民的生活，关系到农村的稳定和社会的安定，因而具有战略意义，否则必然会造成大量流民存在，甚至被迫铤而走险、揭竿而起的局面。这不仅是封建专制统治者要设法避免的，也是广大农民及工商业者、知识分子不希望看到的，是违背和损害绝大多数人利益的。

中国传统的重农思想主要基于“民以食为天”的观念，而从未将农业作为给工商业提供原材料的基础，相反却为了发展农业而抑制工商业的发展。这种状况到近代有了根本性改变。魏源的“缓本急标”说在一定程度上提出了以农为基础，优先发展工商业的思想。王韬、

① 《民义第二公司》，《时务报》第二八册。

② 《农会报·序》，《饮冰室文集》（卷四），第12页。

③ 伍杰：《严复书评》，河北人民出版社2001年版，第96页。

郑观应等大力鼓吹“商战”，同时充分肯定农业经济的地位，要求“精求中国固有之货，令其畅销”，“庶我国固有之利不尽为洋产所夺”。[①] 农业被作为工商业的原材料供应基础产业而受到重视。重农是为了重商，重商必须重农，传统农本思想在这里发生了质的变化，从以自然经济为特征的传统农本思想转向以市场经济为导向的农本思想。

3. 在农工商并重的兴农、重农观中，实现戍边卫国

尽管恪守“重农抑商”古训，顽固地主张轻商、抑商的还不乏其人，但他们在近代毕竟是强弩之末，绝大多数知识分子都逐步认识到物竞天择，适者生存，实现中国的工业化既是大势所趋，不可逆转，也是实现在国际竞争中使中华民族得以立于不败之地的必然条件。他们也认识到农业在国民经济中所处的基础地位，感到任何轻视、忽视农业战略地位的思想是短浅的，实践将是有害的，因而都在对农业予以关注的同时，主张农工商各有其重要地位，必须科学认识，合理安排。

近代中国面临着严重的民族危机和社会危机。一方面，鸦片战争尤其是19世纪80年代后中国出现了严重的边疆危机，沙俄、日本、英国等对我国的东北、西北、西南及台湾觊觎已久，必欲得之而后快；另一方面，人口不断增加，耕地增长缓慢，人多地少的矛盾日益突出，而边疆地区则存在大量未经开垦的土地。因此许多知识分子主张移民实边，认为这样既可促进边疆开发和少数民族地区经济文化的发展，又可巩固国防。1876年，左宗棠率军入疆，平定叛乱，阿古柏逃逸，有识之士认为，新疆“恢复不难而休养生息之为难”。他们主张“抽调旗兵屯田新疆”，因为“欲固边际莫如大兴屯田，欲兴屯田莫如抽调旗兵”乃一举多得之策：既可缓解八旗“生计日艰”的压力，使国家减额设之饷，度支亦可稍纾；又可练“满洲劲旅”，“建仓积谷以济军粮”，“固吾围”；还能“垦关外之荒，商贾可出而谋利”，使邻省“士民亦可安居乐业”。[②] 1912年3月，黄兴发起在苏

① 《适可斋记言·富民说》。

② 《涧于集·奏议》卷1，《屯田实边折》，转引自陈勇勤《光绪时期清流派对农业有关问题所提建议及其务实性》，《中国农史》1994年第3期。

州成立了旨在促进垦殖事业的拓殖学校，其目的就是要“辟天然之利源，舒民间之财力，疏东南之生齿，因西北之边际”，“杜绝列强抵隙蹈瑕之机，实行吾倚移民殖边之策”。①

4. 发展了传统农本思想，拓新了重农的内涵

中国近代重农思潮在内涵上已和传统的农本思想大相径庭，其拓新之处主要表现在以下两个方面：

一是农业范畴的扩展。一般说，传统农本思想所推崇的本农主要指作为人们衣食之源的农桑业，从使用价值的角度界定农业；而近代人们则从价值的角度，主张发展与“商战”有密切联系的农业生产。农业范畴大大扩展，不但包括作为衣食之源的农桑业，而且更有商品化程度较高的经济作物。如陈炽在《农书》中将发展蚕桑、樟脑、棉花、木材、橡胶、茶叶、烟草、咖啡、蔗糖等生产都包括在整个农业生产的范畴之内。

二是农业生产性质的改变。传统农本思想重视的是封建性质的农业，维护以自然经济为特征的封建农业生产关系；近代重农思潮则注重发展资本主义农业，力图在农业中引进西方资本主义经营方式，借以促使中国农业产生实质性的飞跃。例如梁启超设想的“橙园”、张謇所创办的垦牧公司等就是这种思想的具体体现。

总之，近代重农思潮是在社会转型时期的新形势下对农业基础性地位重新认识的产物。它批判地借鉴吸收西方先进的农业理论，在一定程度上突破传统农本思想，顺应了近代农业发展的客观要求。近代重农思潮契合并促进了中国近代农业生产的发展，加速了其现代化进程，具有重大的历史进步意义。

第二节　20世纪20—40年代“农国论”之提出

从19世纪末开始，有识之士对中国农业和农村进行的变革就没有中断过。戊戌维新时期，政府发布了不少改良农业的谕旨，也采取

① 转引自李卫东《黄兴农业思想初探》，《江汉大学学报》1996年第1期。

了一些有效措施。如光绪帝发布上谕，强调发展农业的重要性，如京师农工商总局和各省分局及农会的设立，各农业改良机构和团体对农学报刊的翻译、刊发，外国的先进农用工具和生产技术的引进等等，可谓踏出了中国农业现代化的第一步；清末新政中农业行政机构和农会建设逐渐完善和普及，外国大量农学书籍被翻译出版，农业学堂开始设立，外国的农业机械和生产技术被进一步引进，农业实验场和新式农垦公司开始出现；“中华民国”成立后，孙中山在他的《实业计划》中明确提出农业和矿业是其他种种事业之母，主张采用先进科学技术，兴办新式农业，并提出了种种促进农业现代化的模式与举措（见图1－8）。

图1－8　京师大学堂“农科大学”校门①

遗憾的是，虽然经过19世纪末到20世纪初的一系列努力和尝

① 京师大学堂农科大学1905年创建，首任监督为罗振玉。为原北京大学农学院、原北京农业大学、今中国农业大学前身。

试，但中国农业社会的现代化改造仍然不能尽如人意，中国农业的发展仍处于滞后状态，它既没有成为工业化的强大支柱，也没有能在整个经济发展中占有重要地位。中国农村和农民作为现代化的“弃儿”一直在衰败和危机中挣扎。到20世纪20年代，北洋军阀的统治也没有遏制农村衰败，克服农村危机，反而全面激化了自晚清以来乡村社会所凸显的全部矛盾，酿成了农村空前的社会与政治大动荡。于是，日益严重的农村与农民问题引起了以知识分子为主的各界人士的广泛关注，中国农村问题的紧迫性和必要性成为国人的共识，他们试图寻找治病的良方，在20世纪二三十年代掀起了一次对中国农村和农民问题的研究高潮。

一些知识分子立足中国的社会现实，以“农”为中心，多方面研究探讨“农村”“农业”“农民”问题与中国社会发展、民族命运的关系，“农国论”由此产生。“‘以农立国论’是一种具有普遍意义的社会经济思潮，其特征为反都市化工业化，憎恶现代工业社会和都市生活，向往或企图维护或恢复农村田园牧歌式的生活情趣和生产方式。”[①]“农国论”在20世纪20年代一开始提出，就遭到了“以工立国”派的反对，两者的争论也由此展开，从20世纪20年代到40年代，随着争论内容的不断深入，“农国论”也不再是简单的“农本”“重农”思想在新的历史时期的再现。它直接涉及了中国是否要实现工业化，以及实现工业化的具体方式和步骤等问题，宣告了中国将顺应潮流，追求进步，将工业化作为未来发展方向的伟大抉择。

细细梳理，20世纪20年代“农国论”的产生，有着下面诸多因素：

第一，思想因素：从晚清到民国，围绕实现中国国家富强、民族振兴道路的各种主张和思潮形形色色，并在不断振荡碰撞。20世纪20年代初“以农立国”理论的提出，实质上反映了第一次世界大战后，欧洲各国从战事中拔身出来重新加紧对中国进行经济侵略和压迫的形势下，中国思想界出现的回潮，也是中国传统的以农为本的经济

---

① 郑大华：《民国思想史论》，社会科学文献出版社2006年版，第356页。

思想与现代经济发展理论的第一次大碰撞下的回应。20 世纪 20 年代思想界有两个相互对立的思想潮流。一个是洋务运动以来的工业化思潮，另一个是第一次世界大战后西方及中国的反工业化思潮。两股思潮的相互激荡，成为 20 世纪 20 年代“农国论”提出的主要推动力。封建传统经济思想的严重束缚是理论提出的思想根源。中国经历了过于漫长的封建社会，封建经济思想教条严重地束缚了人们的思想，重农抑商、贵义贱利、黜奢崇俭及崇尚田园的思想根深蒂固，不可能一时完全消除。即使在工业化开始成为中国经济研究的主题，传统经济思想教条被成功改造后，一些知识分子仍没有走出封建的藩篱，仍旧抱着传统思想教条不放，逆历史潮流而行，本能地排斥工业化。

从 19 世纪末到 20 世纪初，中国工业化思想经历了一个从无到有、由浅转显的过程。从洋务运动提倡机器大工业到戊戌变法康有为呼吁将中国定为“工业国”；从孙中山制定《实业计划》再到“五四运动”对科学与民主的宣传，随着国内形势的发展和部分知识分子的不断鼓吹，工业化思想成为中国经济思想发展的主流。传统的农业经济思想遭到摒弃和冷落。然而。正当中国工业化思潮风起云涌之际，一向为国内知识界敬仰的西方，发生了第一次世界大战。战争不仅吞噬了无数生命，破坏了大量的物质财富，也破坏了战后余生的人们对工业文明的敬仰。受其影响，战后西方思想界开始了对工业化弊端的反思；中国的一部分知识分子也拾起东方文化的旗帜，高唱起农业文明的伟大。

第二，经济因素：在近代中国，资产阶级改良派们曾经提出了重视农业，发展商业的口号，要求发展新式农业，实现资本主义经济模式。

辛亥革命以后，民国初建，国内民族资产阶级的社会政治地位提高，政府鼓励发展实业，全国范围内掀起群众性抵制日货运动。时值第一次世界大战期间，欧洲列强自顾不暇，暂缓了对中国的经济压迫。这段时期，中国出现了兴办资本主义工业的高潮，成为中国民族资本主义工业发展的“黄金时代”。然而好景不长，第一次世界大战结束后，列强卷土重来，中国经济很快就由短暂的“繁荣”转入萧条。1920—1921年，中国社会陷入了工业恐慌时代，大批民族工业破产、面临倒闭的危机。正是在这种情形下，传统的以农为本思想呼声增高。大战结束以后，列强卷土重来，国内民族工业大批破产，工人失业人数激增。对民族工业发展的悲观论调重又抬头，有人不禁又怀念起与世无争、安然恬静的自然经济和简单封闭的封建农业生产模式。

第三，文化因素：20世纪20年代初“以农立国”理论的提出，其本质上与同时期知识界进行的东西文化的争论是遥相呼应的，在同一时期的思想文化领域内也展开了中国文化的趋向论战——到底是全盘西化还是复归本位。有人把“农化”还是“工化”？对应为早在“五四”前后就与“孔化”还是“西化”同时提出来的一个争论问题。[①] 因为可以明显看到，在“以农立国”“以工立国”两派论战刚刚萌芽的20世纪20年代，双方的阵线很明显地带有浓厚的文化色彩：“所有反对中国大革命的封建顽固派，阻止新思潮反对新文化运动的国粹派和‘甲寅派’，鼓吹复兴中国文化的以梁漱溟为代表的新旧调和派，等等，都是站在主张以农立国的一边。而鼓吹新文化运动、西化、反帝反封的知识界则是中国工业化的积极鼓吹者，这不是偶然的，这表明我国思想文化现代化与经济现代化之问题的一种内在的联系：现代新文化与中国传统旧文化之争，自然成为工业文明支持者与农业文明支持者的天然分野。”[②]

把对经济发展道路的认识也冠以文化的背景和因素，这是近代中国知识分子思考问题的特色和特长，梁漱溟“中国的失败自然是文化的失败，西洋的胜利自然亦是文化的胜利”[③] 就是最好的证明。所以罗荣渠先生就有这样的论断：“中国现代化思想运动的一大特色在于

---

① 陈宰均：《工化与农化》，《甲寅周刊》第1卷第16号，1926年1月30日。

② 罗荣渠：《中国近百年来现代化思潮演变的反思》，罗荣渠主编《从“西化”到现代化——五四以来有关中国的文化趋向和发展道路论争文选》，北京大学出版社1997年版，第24页。

③ 梁漱溟：《中国民族自救运动之最后觉悟》，转引自罗荣渠《中国近百年来现代化思潮演变的反思》，罗荣渠主编《从“西化”到现代化——五四以来有关中国的文化趋向和发展道路论争文选》，北京大学出版社1997年版，第30页。

它始终是从文化层次来探讨中国出路问题。”[①]

第四，政治因素：世界政治格局的新变化是此次争论的现实依据。工业革命奠定了西方资本主义国家的物质基础，对世界市场的争夺也使他们之间的矛盾开始积累，随着资本主义由自由竞争阶段向垄断竞争阶段的过渡，主要资本主义国家之间的矛盾越来越深。第一次世界大战带来了人类历史上空前的、灾难性的后果。鸦片战争以来中国的知识分子一直对西方资本主义充满了向往，但资本主义世界发生的新情况使他们重新理解资本主义。第一次世界大战引发的西方社会危机，给中国的知识分子以沉重打击，中国思想界迅速兴起了一股质疑和批判西方文明的思潮，展开了对西方的资本主义发展道路的深刻反思。1920 年，梁启超发表《欧游心影录》，在文中断言西方文化已经破产，中国不能再走西方的老路。陈独秀也认为单靠西方的民主与科学，已经无法解决中国的所有问题。[②] 由此，中国知识分子的思想观念经历着急速的变动，并且再一次引发了关于中国未来道路向何处去的大讨论。

在中国这个农业大国中，“力求探索出一条超越西方工业化模式，并符合中国国情的经济发展道路，以避免欧美日本工业化过程中所出现的那种工业剥削农业、城市掠夺乡村、生产与消费相脱节的流弊在中国重现”[③]，使中华民族以独立富强的姿态屹立于世界民族之林，则成了知识界苦苦奋斗的目标。

众所周知，“五四运动”后，西方各种思潮进入中国，中华民族正在酝酿一场巨大的变革。1921 年 7 月中国共产党成立，1924 年 1 月，孙中山重新解释了三民主义（见图 1－9）。在国内一系列重大历史事件背景下，经济思想发展的步伐紧随时代潮流，向前迈进了具有阶段性意义的一步。中国社会变迁的复杂情势是此次争论的历史视

---

① 罗荣渠：《中国近百年来现代化思潮演变的反思》，罗荣渠主编《从“西化”到现代化——五四以来有关中国的文化趋向和发展道路论争文选》，北京大学出版社 1997 年版，第 31 页。

② 陈独秀：《陈独秀著作选（第二卷）》，上海人民出版社 1984 年版，第 128 页。

③ 郑大华：《民国思想史论》，科学文献出版社 2006 年版，第 376 页。

角。辛亥革命推翻了封建王朝的统治，但继之而起的却是各派军阀连年混战，广大人民依旧生活在水深火热之中。一些知识分子对民国失去了信心，对工业化道路不再热衷，转而产生出复古怀旧的思想。同时，随着马克思主义思想进入中国，中国共产党成立，工农运动日渐高涨，严重地影响到原有封建地主阶级的利益，也触及一大批官僚买办阶级的利益，这些人为了维护其利益，更是不遗余力地反对工业化。在这种种因素的催生下，苦难深重的半殖民地半封建的中国，“农国论”应运而生。

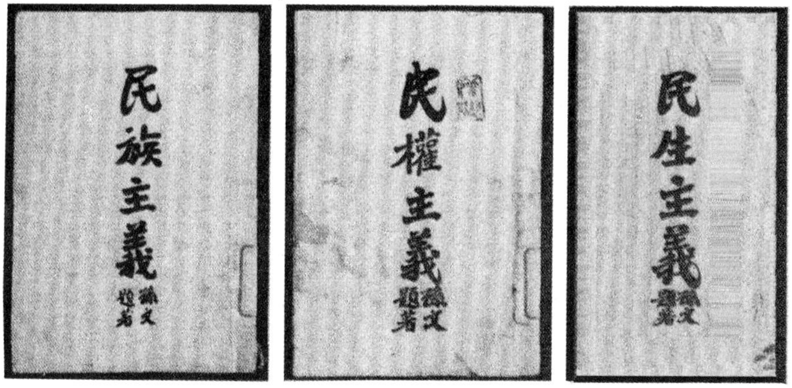

图1-9　孙中山所倡导的三民主义民主革命纲领，其重要原则之一是“平均地权”

第二章 “农国论”的主要代表人物及其主张

正如罗荣渠所说，“以农立国派的队伍是很复杂的，除了像章士钊之流以外，并非都真正想把中国拉回到封建农业时代，不少人或者出于痛恶现代工业社会特别是资本主义的弊端，或是深感农村之急需救济，或是出于一种农村乌托邦理想”。① 20 世纪 20 年代“所有反对中国大革命的封建顽固派，阻止新思潮反对新文化运动的国粹派和‘甲寅派’，鼓吹复兴中国文化的以梁漱溟为代表的新旧调和派，等等，都是站在主张以农立国的一边”②，而到了 20 世纪 30 年代，“乡村建设”各派人物应该是不折不扣的“农国论”者，他们的成分也不简单，除了梁漱溟这个土生土长的儒学家，各派人物大都是“喝过洋墨水”的国外留学生和受过高等教育的国内知识分子，如晏阳初、陶行知等属于前者。20 世纪 40 年代，“农国论”者在原有成分的基础上，又加入了政府官员和专门的经济学家、社会学者，如费孝通。这是从时间上的简单概括，当然若要从职业分途和阶级属性等其他标准来对“农国论”者进行归类，那就使这支复杂的队伍显得更复杂了，这里就不再使复杂的问题再复杂化。下面仅就极具代表性的“农国论”人物做一介绍和分析。限于篇幅和有关人物材料收集的情况，如龚张斧、姚溥荪等农国论者，由于理论过少，未成体系，或者生平不足以体现“农”

---

① 罗荣渠：《中国近百年来现代化思潮演变的反思》，罗荣渠主编《从“西化”到现代化——五四以来有关中国的文化趋向和发展道路论争文选》，北京大学出版社 1997 年版，第 25 页。

② 同上书，第 24 页。

之影响和抱负、追求，故未列入笔者所选10位代表人物之中。

第一节 章士钊：“余之志向，久在农村立国”

图2-1 章士钊像

章士钊，字行严，曾用笔名黄中黄、青桐、秋桐等。1881年（清光绪七年）生于湖南善化县（今长沙市）。曾任《苏报》主笔，1905年、1907年先后入日本东京正则英语学校和英国爱丁堡大学学政治经济兼攻逻辑学，并常为国内报刊撰稿，介绍西欧各派政治学说。1911年武昌起义后携眷返国，主持同盟会机关报——上海《民主报》，提出著名“毁党造学说”政治理论。1913年、1917年、1926年三办《甲寅》杂志，评议时政。20世纪20年代章因反对提出“农国论”、新文化运动、“整顿”学风、解散“女师大”、染指“三·一八”惨案引得骂声一片。抗日战争爆发后，章由香港转赴重庆，任国民政府“参政员”，出版《逻辑指要》一书。1949年4月1日，章士钊作为国民党和谈代表之一到北平，与中共举行和平谈判，谈判破裂后留居北平。中华人民共和国成立后，章士钊历任政务院法制委员会委员、中央文史研究馆馆长等职。晚年曾集研究柳文心得为《柳文指要》，于1971年出版。1973年5月，以探亲访友为名为促成第三次国共合作带病赴港，7月1日病逝于香港，终年92岁（见图2-1）。

就是这样一个被鲁迅骂过、被毛泽东赞扬过的毁誉参半的章士钊，是中国20世纪20—40年代“农国论”的最早代言人。他对现代中国农业政策、农业高等教育的真知灼见已经被历史所铭记。“五四运动”中，章士钊是一个“新旧调和论”者，因此遭到新文化运动中革命派的批评。1921 年，他决意脱离政界，遂去欧洲游历一番。1922 年 9 月回国，章的思想发生重大转折，用他的话说：“我以前研究中国的政治，失点在什么地方？多久没有答案。近几年来，往欧美考察，得着了一个答案，就是：中国忘记了他的本身是以农立国的，当注重农业”，“觉悟这层，所以要提倡以农村立国”[①]，并自称是个“农迷”。章士钊“吾国当确定国是，以农立国，文化治制，一切使基于农”[②]的农村立国论一出笼，即遭到中共主要人物陈独秀的反对，陈说农村立国论是“祸国殃民，亡国灭种的议论”，是拒绝现代化，复古倒退“和生番野人接近一步”的谬论，是在开历史的倒车。章士钊的农村立国论，注重发展农业、改造农村。以农村为立国之基的思想，在当年确是难能可贵。不妨认为是章的一个贡献。虽然历遭抨击，但细想仍有值得借鉴之处。这位晚清即已投身革命的大学者早年写的《农村立国论》主张农业救国，在当时影响了一批青年知识者投身农业建设，直到 1972 年，周恩来还不忘向尼克松介绍说“他是个大学问家”，他提出了“农村立国”论。这里面完全没有否定的意思。

章士钊的“农国论”是一个完整的“以农立国”的建国方案，涉及到政治、文化、经济等诸多方面。

首先他认为，中国一贯以农立国，必须坚持这个传统，因此，必须在“农村立国”“农业救国”的基础上，批判工业化、市场化、都市化与物质文明。在章士钊看来，西方面对的是工人问题，而中国的基本问题是农民，所以“……非农业不能救中国。溯自西风东渐，我国人舍其农家淳厚之风，而效工业国伪物质文明之奇技淫巧。人心日益险。道德日益丧。变乱相寻，争夺无已。使中国趋于沦亡者，恐怕就是此工业国之伪物质文明……所可幸者，我国受工业之毒尚不深，颇有挽救之望。此一点希望，即在乎农业。我国三千余年传来之农业制度，

---

① 章士钊：《章行严在农大之演说词》，《章士钊全集》（4），文汇出版社 2000 年版，第 403 页。

② 章士钊：《业治与农——告中华农学会》，《章士钊全集》（4），文汇出版社 2000 年版，第 201 页。

与农业文明，并未完全因工业之毒而崩坏，起而图之，犹未为晚。”[①] 农国与工国的根本区别在哪里呢？“农国讲节欲勉无为，知足戒争。”“欲寡而事节，财足而不争……农国之精神也。欲多而事繁、明争以足财，工国之精神也。”[②] 两者的根本区别也显示出了工国与农国的优劣好坏之分，作为传统文明的继承者和发扬者，他认为中国人应该选择以农立国，抛弃一切与工商立国相关联的文化与文明。

经过第一次世界大战，西方的工业文明显现出重重危机，并给人民带来了极大的灾难。章士钊认为欧洲工业化市场化带来的只是沉痛教训，没有什么经验可言。欧洲列强为“商场有限”争夺工业霸权而爆发世界大战，“创古今未有大战局”[③]，“欧战四年证明工商政策之不能终通”[④]，“欧战之起，工业之毒已完全表现于外”[⑤]，“当世工业国所贻于人民苦痛昭哉可观”[⑥]，“德国之所以失败，非工业不及，乃农产品不足也”，因此战后欧西各国普遍“改工业政策为农业政策”[⑦]。种种迹象表明，西方工业文化已经到了衰弱之期，只有农业文化可以挽救。况且中国不具备成功工业化的条件，“我国国情不适工业，在在可征”[⑧]，具体如“艺术不进，资本不充，组织力不坚”，“欲兴工业以建国，谈何容易”[⑨]。而发展农业，“农村立国”，则具备欧西所完全不具备的优势：“全国之农村组织，大体未坏，重礼讲让

---

① 章士钊：《章行严在农大之演说词》，《章士钊全集》（4），文汇出版社 2000 年版，第 404 页。

② 章士钊：《农国辨》，《章士钊全集》（4），文汇出版社 2000 年版，第 267、269 页。

③ 章士钊：《业治与农——告中华农学会》，《章士钊全集》（4），文汇出版社 2000 年版，第 202 页。

④ 章士钊：《农治翼》，《章士钊全集》（5），文汇出版社 2000 年版，第 153 页。

⑤ 章士钊：《章行严在农大之演说词》，《章士钊全集》（4），文汇出版社 2000 年版，第 405 页。

⑥ 章士钊：《业治与农——告中华农学会》，《章士钊全集》（4），文汇出版社 2000 年版，第 203 页。

⑦ 章士钊：《注重农村生活——章行严在甲种农业讲演》，《章士钊全集》（4），文汇出版社 2000 年版，第 151 页。

⑧ 章士钊：《章行严在农大之演说词》，《章士钊全集》（4），文汇出版社 2000 年版，第 405 页。

⑨ 章士钊：《业治与农——告中华农学会》，《章士钊全集》（4），文汇出版社 2000 年版，第 201—203 页。

之流风余韵，犹自可见，与传统思想相接之人物，尚未绝迹”，是故，“力挽颓化，保全农化，蔚成中兴之大业，谛认人生之真值，谓非吾国人独有不贷之责得乎？”① 因此中国只能以农立国（见图 2－2）。

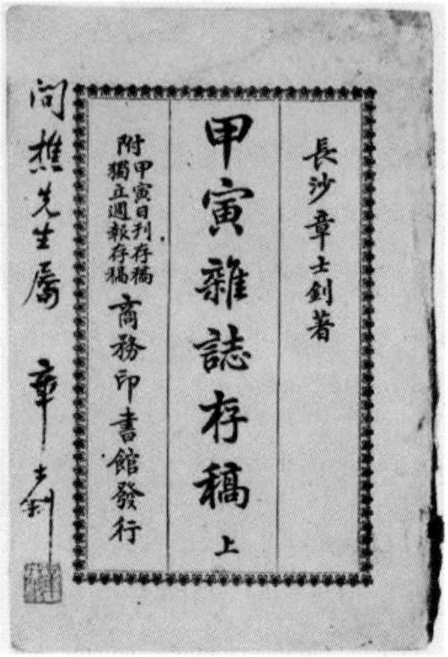

图 2－2　章士钊 1915 年在日本创刊的《甲寅》杂志

关于怎样实现“以农立国”，章士钊也给出了具体的实施办法，“人生世界，本应有高尚目的，以为世界谋福利，乃此时之资本家只知孳孳为利……利与生活，本为人类之手段，今竟变为人类之目的，则人生尚有何意义耶？”② 首先应抛弃的是对利的追求，坚持中世纪农业经济时代的人生哲学。在政治领域，则要抛弃总统、国会、政党等等与工商国有关的一切制度，实现“业治”。即“各业于其所独者，群坚壁以清野，于其所同者，复通力以合作”，“此业治之大旨也”③。在知识与技术方面，以科学知识改良农村，“养成

① 章士钊：《何故以农立国》，《章士钊全集》（6），文汇出版社 2000 年版，第 318 页。

② 章士钊：《文化运动与农村改良》，《章士钊全集》（4），文汇出版社 2000 年版，第 145 页。

③ 章士钊：《业治论——告民治委员会》，《章士钊全集》（4），文汇出版社 2000 年版，第 196 页。

农治人才”[①]，实现士农一体，即握笔为士，罢笔为农；[②] 产业方面，以发展农业为主，但也不反对发展工业，“农国不应妨工”，但“必其工为农国之工（以‘农国精神’经营，并辅助于农业），非工国之工”。[③] 关于促进农业发展的根本道路方面，章士钊主张渐进改良，而反对激进变革。“农虽停滞不进步，而亦非堕于甚深卑苦之境，是以不扰其静态，徐徐启迪为得。”[④]

以此为指导思想，他设计了一幅美妙的农村图景：“……以村为单位，调查一村内农产物之出额几何？如不足，则自外买入，多则酌量卖出，概由公共管理，以资调剂。另发行一种纸币，流通本村，则一村之人都可无衣食之虞。由此建筑道路，改良建筑，办小学及文明应有之机关，都可由公共买卖局设立。凡是人民的生活，务须保持在水平线以上，村村如此。由村而县而省，均以本地之出产，维持本地人之生活。”[⑤] 6 天后，他进一步展示自己的设想：“将这地方的出产通通计算起来，一年能够有多少产物，价值多少，以价值作标准，发行一种村券……这种村券不以金钱为本位，是以物产为本位的。一村的出产由公共保管，设一公共买卖社，除掉要应用的以外，由公家以纸币收买，以所余的运到各处去发卖，村里没有的到各处买回来。这村内的人民，各按各人所能做的，分工去做。在应受教育年龄期内的，要强迫去受教育。在村内的，人人有饭吃，人人有工作”。

章士钊的“农国论”在全面地比较了工业国与农业国、工业文明与农业文明重大区别后，在一定程度上认识到了工业文明的长处，如“便利”“出口多而取价廉”“都市纷华”“工资有加”“统全世界以

---

① 章士钊：《农治——答王璋》，《章士钊全集》（5），文汇出版社 2000 年版，第 379 页。河南郾城东青年村的王璋在致章士钊的函中提出了“治村创学……以求农治之才”的迫切要求，章士钊在此文中做出了上述应答。

② 章士钊：《注重农村生活——章行严在甲种农业讲演》，《章士钊全集》（4），文汇出版社 2000 年版，第 152 页。

③ 章士钊：《农国——答董时进》，《章士钊全集》（6），文汇出版社 2000 年版，第 472 页。

④ 章士钊：《论业治》，《章士钊全集》（6），文汇出版社 2000 年版，第 352 页。

⑤ 章士钊：《文化运动与农村改良——在湖南教育会讲演记》，《章士钊全集》（4），文汇出版社 2000 年版，第 146 页。

为消息”，也认识到农业文明的短处，如“人人晦盲否塞”等。[①] 在否定工业化、市场化、都市化以及过分追求物质文明的基础上积极寻找疗治办法，认识到三农问题在整个中国经济、政治、社会与文化危机中的重要性与独特性，可谓是对中国三农问题的解决倾注了心血。

但是他的“农国论”整体上倾向于对工业化、市场化、都市化、物质文明、资本主义乃至对社会主义持反对态度，站在落后于资本主义而不是超越于资本主义的立场来分析和批判资本主义。他痛恨资本主义，希望通过遏制、倒退以避免资本主义，在小农经济基础上通过“村治”“农治”或“业治”进入一种比资本主义更优越的理想社会，可以看作是一种民粹主义理论。[②] 因为，民粹主义思想体系在近代和现代中国的历史演进中，尽管形式上发生了多种变化，却一直充当着重要角色。特别是他们的“反异化”倾向与社会经济体制小资产化的幻想，在中国很有滋生的土壤。[③]

章士钊“铲伪工业国之文明”的所谓“以拙胜巧”的“农业救国”道路在现代“万国交通”的现代世界体系中注定不能使农民富裕，国家富强。章士钊设想的“握笔为士，罢笔为农”的理想农民也不可能在小农为主的农业国里产生，反倒是在工业国里比比皆是。“村治”明显是一种世外桃源，在现实的农业国里要农民“醒自私之迷梦”无异梦呓。因此在当时的社会条件下，他的“以农立国”方案在具体实践上则具有一定的空想性。

在被任命为北京农业大学的荣誉校长后，章士钊在任职期内曾到各高校演讲，宣传“以农立国”思想。章士钊期望能吸引众多青年追随者，让青年知识分子成为农业国社会建设的主力军和未来国家发展的核心。在教育局任职期间，他还多次试行教育改革方案，主要改革中小学教育制度，意欲从小培养国民的传统文化修养，传承传统文化中的“礼”和“德”，培养国人的“农业国精神”。然而，章士钊的农业改革

---

① 章士钊：《何故以农立国》，《章士钊全集》（6），文汇出版社 2000 年版，第 315、317 页。

② 郭华清：《评章士钊的“以农立国”论》，中山大学孙中山研究所编《孙中山与近代中国的改革》，中山大学出版社 1999 年版，第 436、438 页。

③ 姜义华：《大道之行——孙中山思想发微》，广东人民出版社 1996 年版，第 266 页。

理想却在现实中遭遇了巨大阻力。许多学者对他的“以农立国”思想发起责难，认为他的理念过于腐朽。时局的动荡使其教育改革措施没有得到贯彻和实施，国民传统教育计划自然也在现实中搁浅。随着章士钊退出政治舞台，他“以农立国”理想的实践也被迫画上了句号。

第二节　王鸿一：“国家根本大政在农村，治道之起点亦在农村，村本政治是真正的全民政治”

王鸿一（1875—1930），名朝俊，字鸿一，今山东省鄄城县阎什镇刘楼村人，是近代山东著名的教育家、实业家和社会活动家，历任山东提学使、山东教育厅长、省议会副议长、议长等职。王鸿一早年丧父，才思聪睿敏捷，12 岁读完四书五经，18 岁进秀才。1900 年（清光绪二十六年），他以优异成绩考入省城高等学堂，肄业一年，即被选留学日本，入东京宏文学院师范科。在日本时加入孙中山的“同盟会”。1905 年（清光绪三十一年），他担任曹州中学监督，并劝镇守使创办了实业学堂，在小教场设立肥料场，科学配制肥料，以振兴农业。1921 年，北大教授梁漱溟来山东济南第一中学讲演东西文化和哲学，王鸿一对其甚为钦佩，结为好友，与其商榷昌明中国文化措施，认为厉行村治为最有效的方法。在韩复榘支持下，经过几年的筹备，他同梁漱溟在曹州办起了重华书院（1929 年春迁到郓城黄安），办学经费全靠王鸿一筹措。又在北平办《中华日报》《村治月刊》，在百泉设村治学院。他以华北人稠地少，生计艰难，建议省府向西北移民，并亲自联络冀豫两省，组办西北垦殖公司，在垦地设置新村，菏泽和郓城去人最多。1930 年 7 月病故于北京。1933 年，遗骨迁葬于济南市马鞍山下。其著作有《三十年来衷怀所志之自剖》等（见图 2 - 3）。

图 2 - 3　王鸿一像

王鸿一可谓是继章士钊之后，主张“以农立国”的最有力者，是“村治派的代表人物和精神领袖”①，也是“村治”一词的首先使用者。他极其赞同章士钊的《农国辨》一文，对章氏甚为仰慕，忠实不渝地宣传实践章士钊的“以农立国”理论，曾嘱梁漱溟作函介绍自己去拜访章氏，然因故未能成行。梁漱溟曾在 1930 年写《主编本刊〈村治〉之自白》时这样称赞他：“鸿一先生实在是我们的急先锋。他能标揭主义；他能建立名词；他能草定制度。”②

他在 20 世纪 20 年代初提出的“村本政治”思想影响了梁漱溟研究乡村建设，并由此引导了全国性的“乡村建设运动”，对当时的中国产生了重大的影响。王鸿一的“村本政治”思想就是建设“以村为本位之政治”。在 20 世纪初年内外交困的中国，他期望以农村为组织生产、基本行政、文化建设的单位，逐级实行乡治、县治，进而达到国治来解决中国的问题。

从理论上，他认为“村本政治”才是真正的全民政治。“夫全民政治者，乃政权操之民众，治权握之贤能，而政治之利益，归于全民之谓也。”“君主统治和欧美民主主义代议政治者与此相违反。欧美代议政治，无异于资本大王专制，“掌握治权之政党，皆资本家大地主之御用机关，而官吏议员，则甘为资本家大地主效犬马作爪牙者也。其行政也，无非压迫劳工过量生产，以填其主人翁之欲壑，而助其作威作福而已。”王鸿一认为唯独“吾国萌芽于三代中断于秦汉之教养政治，实满具全民之精神”。他具体分析教养政治。“政”就是民事，不外精神生活、物质生活、社会生活种种日用行常的问题。“治”就是解决这些问题，使之各得其所。“教”就是“明人伦”“济民物”，“养”即“厚民生、兴民利，所以补不足，非以积有余”。中国三代以上以教养政治为原则的“乡治”，使“政权公诸天下，治权付之贤能，一切措施，用以解决人类生活各种必要之问题，以求平民之安宁与福利”③。王鸿一就是依据古代“乡治”而提出建设“村本政治”。

从事实上，他分析只有“村本政治”才能实现民主政治下考试、

① 郑大华：《民国思想史论》，社会科学文献出版社 2006 年版，第 358 页。

② 梁漱溟：《梁漱溟全集》（第 5 卷），山东人民出版社 1992 年版，第 16 页。

③ 褚承志：《王鸿一遗集》，山东文献出版社 1978 年版，第 22 页。

选举两权。他认为，民众有选举权是民主政治能够产生、形成、延续的基本条件。欧美号称民治国家。但其选举权却沦为资本家大地主把持治权压迫工农民众的武器。纠正选举中出现的问题、弥补选举一项的空缺，孙中山先生于治权中创设考试原则，但欧美国家“以根本利己为精神，政治上把持垄断，偏私不平”①，考试选举制度不可能得以真正实行，也就不可能维持民主政治的生命。王鸿一分析秦汉以后君主传统政治，认为君主统治是一姓一家之私事。它所需要的模范治才，以“罪臣当诛”“天王圣明”为信条。其考试制度利用知识阶级的拜官心理，笼络天下士子入其彀中。只有村本政治，一切权利，根本在民。政权操于民众，治权始于乡村。权力不可能被极少数人所垄断，阶级也不可能产生。村治下全国农村组织划一，权力虽分也无害于统一。村中治权，则由村民直接选举本村贤良以治本村。对选举者方面，可以真正选举有能力之才，对被选举者方面，也可以促使其努力建设干出一番成绩来。村以上官员，可由服务村治人员依考试选举原则累升递进，则选出的官吏起自田野，深知民间疾苦，定能关心民生、代表民意。所以只有在村本政治中才能适用民主政治下考试选举两制；也只有在村本政治中运用考试选举两权，才能使民治基础得以巩固，民权得以保障，进而实现民主政治。

王鸿一还从中国特殊的国情、固有的文化特性来分析“村本政治”实施的必要性。他认为中国数千年来以农业立国，中国是农业化的民族，中国的文化重心是伦理观念。“中国经济重心在农业，中国者，一小农制之农业国也，盖以古代开田阡陌各种制度之推演，蔚成大致均平之农业社会，全国人民，除最少数之大地主，及在都市做工营商者外，十九营乡村农业生活，故欲谋人民经济巩固，非先谋农业巩固不可。惟农业非一人所能担任，欲谋农业巩固，又非先有极安定和谐之家庭不可。有安定和谐之家庭，则兄弟互助，夫妇协调，各尽所能，外出则宣力于社会，族里则又有极乐之家庭，此农业社会之精神，全赖人伦维系之力。故农业社会根本不变，而人伦观念之变动亦

① 褚承志：《王鸿一遗集》，山东文献出版社 1978 年版，第 23 页。

不可能也。”① “农业化和伦理化互为因果，中国‘孝弟力田’的格言即指此。”② 从这一实际出发，欲谋求中国发展，就应该大力发展农业，发扬人伦之精神。而二者的落脚点就是建设“村本政治”。

具体到如何建设村本政治，王鸿一分其为村制、村政两部分。村制就是规划农村组织及市区办法，制定村民行使四权规条及村市中一切规约。村政就是建设村中各项措施，实施保持秩序、增进生产、培养村风、开通民智四大部分村政措施。

1924 年，王鸿一与河北定县翟城村的米迪刚合作创办了《中华报》，请尹仲材为主笔，组成一个研究部，希望从“以农立国”的原则讨论一个具体的建国方案。经过一段时间的讨论，研究部出版了一本《建国刍言》，这可谓是一部“以农立国”的具体的建国方案。其中由王鸿一起草的《“中华民国”治平大纲草案》，内容共有 17 条，其中第一条规定了“传贤民主政体”，第二条规定了“农村立国制”③。后来，王鸿一又在《村治月刊》连续发表了《建设村本政治》和《中国民族之精神及今后之出路》等文章，系统宣传了他的“以农立国”思想：“中国以农业立国，已有数千年之久。由农业生活及家庭制度二者相互之关系，递经演进，形成十姓百家。全国人民，十九皆在农村，而城市区域不过因经济政治之关系，构成临时聚合的团体，其居民十九也来自田间。”所以城市不过是变相的农村而已。既然全国绝大多数的居民都居住在农村，那么中国的政治、经济和文化都应以农村为基础、为重心。就政治而言，即应建设村本政治。“惟村本政治，一切权利，根本在民，政权操于民众，治权始于乡村，权利无由而齐，阶级无由而生，全国农村组织划一，权虽分仍无害于统一。”④ 强调学术与政治之结合的意义，认为“合学术思想政治制度二者，共同归宿于教养，植基于村本”。

以上王鸿一的“村本政治”主张，可谓是其“以农立国”思想精华的最直接体现。

① 褚承志：《王鸿一遗集》，山东文献出版社 1978 年版，第 10 页。
② 同上书，第 53 页。
③ 梁漱溟：《梁漱溟全集》（第 5 卷），山东人民出版社 2005 年版，第 15—16 页。
④ 王鸿一：《建设村本政治》，《村治》第 1 卷第 1 期，1929 年 3 月。

第三节　黄炎培：“以富以教以治，使村民稍知有生之可乐……”

黄炎培，号楚南，字任之，笔名抱一，江苏川沙县（今属上海市）人，1878 年 10 月 1 日出生，早年父母双亡。迫于生计，年未弱冠，即在家乡任塾师。1901 年入南洋公学，受知于中文总教习蔡元培。1905 年参加同盟会。辛亥革命后，任江苏都督府民政司总务科长兼教育科长等职，提倡教育与学生生活、学校与社会实际相联系。1917 年 5 月 6 日，黄炎培发起中华职业教育社，创建中华职业学校。曾参与起草 1922 年学制，进行乡村建设实验和筹办南京高等师范专科学校、东南大学、上海商科大学、厦门大学等高校。中华人民共和国成立后，黄炎培破“不为官吏”的立身准则，欣然从政，历任中央人民政府委员、政务院副总理兼轻工业部部长等职。1965 年 12 月 21 日病逝于北京。黄炎培富于著述，著作有《黄炎培考察教育日记》《新大陆之教育》《东南洋之新教育》等（见图 2－4）。

图 2－4　中华职业教育社部分发起人合影，后排左二为黄炎培

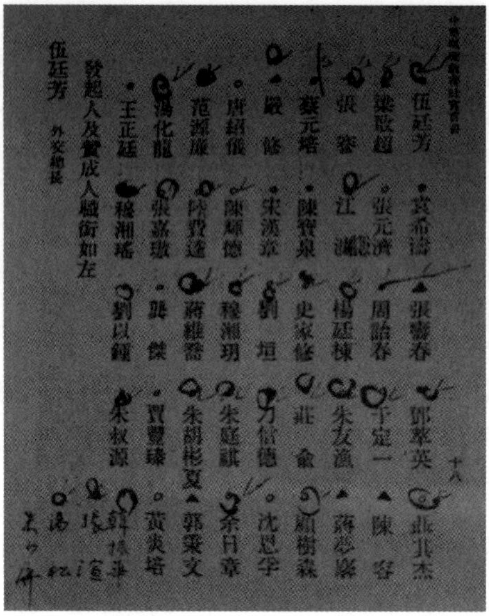

伍廷芳　袁希濤　張謇　鄧萃英　聶其杰
梁啟超　張元濟　周詒春　于定一　陳容
張謇　江謙　楊廷棟　朱友漁　蔣夢麐
蔡元培　陳寶泉　史家修　莊俞　顧樹森
嚴修　宋漢章　劉垣　刁信德　沈恩孚
唐紹儀　陳輝德　穆湘玥　朱庭祺　余日章
范源廉　陸費逵　蔣維喬　朱胡彬夏　郭秉文
湯化龍　張嘉璈　聶傑　賈豐臻　黃炎培
王正廷　穆湘瑤　劉以鍾　宋叔源
發起人及贊成人職銜如左
伍廷芳　外交總長

图 2 - 5　1917 **年** 5 **月** 6 **日，黄炎培联合教育界、实业界知名人士** 48 **人，在上海发起成立中华职业教育社，图为** 48 **名发起者名单**

黄炎培是中国近现代著名的爱国主义者和民主主义教育家，是我国近代职业教育的创始人和理论家，也是 20 世纪初最早看到乡村教育重要性的人物之一。1917 年，黄炎培在上海发起成立中华职业教育社，在教育界率先举起了“沟通教育与职业”的实用主义大旗。痛感于旧中国农村“农事不修，农智未启，农民穷弱愚昧，一盘散沙”[①] 的现状，中华职业教育社在中国近现代史上最早提出了进行乡村建设教育改革实验的目标。1919 年，职业教育社成立了农业教育研究会，着手进行农村生产、生活的调查活动。1921 年，黄炎培在《教育与职业》第 25 期“农业教育专号”前言中写道：“今吾国学校十之八九其所施皆城市教育也。虽然，全国国民之生活属于城市为多乎？抑属于农村为多乎？吾敢断言十之八九属于乡村也。”[②] 这表明，

---

① 参见黄炎培《农村教育弁言》，《黄炎培教育文集》（第二卷），中国文史出版社 1994 年版。

② 同上。

农村的战略地位被黄炎培所认识：中国社会实质上是一个乡村社会，中国教育的主要问题在农村，通过农村教育，来挽救日益衰败的农村社会，进而实现救国救民的夙愿。提出普及教育、职业教育应与农村教育、农业教育相结合，是黄炎培乡村改进的重要途径。1925 年以后，中国职业教育社的农村改进实验开始有声有色地开展起来，其理论基础是黄炎培的“大职业教育主义”。黄炎培的大职业教育思想认识到了就职业教育论职业教育行不通，应该深入到改革社会的活动中去。随后，黄炎培又提出了划区实施农村教育的思想，即农村教育应以区域而不是以学校为中心，施教者不能仅顾教育，还应兼顾到该区的经济、文化等诸项内容，把它们与教育放在一起统筹解决。

1925 年 8 月，黄炎培在《山西划区试办乡村职业教育计划》中认为：“乡村职业教育之设施，不宜以职业教育为限，就交通较便的地方，划定一村或联合数村，先调查其地方农村及原有工艺种类、教育及职业状况，为之计划，如何可使男女学童一律就学，如何可使年长失学者，得补习知能之机会；如何养成人人有就业之知能，而并使之得业；如何使有志深造者得升学之准备与指导。”[①] 农村职业教育应以区域而不是以学校为中心，要求实施者不能仅顾教育，还应兼顾到该区的经济、卫生、交通、治安等，将这些问题与教育放到一起统筹解决。

“富教合一”是黄炎培在乡村教育上的又一主张。他认为农村诸问题中“穷”是最主要的，改进乡村必须取得农民的信仰，农民所苦“贫困第一，病次之，至于教育乃是有饭吃后的事，先富之，后教之”。“要是我们没有法子在他们生活上，尤其是生产上，增加些利益，至少减少些损害，随你讲多么好听的话，全不中用”[②]，故农村教育要以帮助农民致富为前提，“施教”置于从属地位。“一面教他致富的方法，同时使他得到许多人生实用知识和道德行为的最好训练。”[③] 所以，他的农村改进思想坚持把发展农村经济放在首位，采取“富教合一”的

① 黄炎培：《黄炎培教育文选》，上海教育出版社 1985 年版，第 152 页。

② 参见《黄炎培教育文集》（第二卷）中华职业教育社部分，中国文史出版社 1994 年版。

③ 江问渔：《富教合一主义》，《教育与职业》第 108 期。

方针，正如黄炎培自己所说：“以富以教以治，使村民稍知有生之可乐，而从事教育亦不至于以空谈迂阔为社会罪人，此实吾创议试办农村改进最初之动机。”[①] 以这些为主要内容的农村改进思想，其要义就是“就一个农村划成一个适当的区域，依照预定的计划，用最经济的方法、技术，以化导训练本区以内的一切农民，使全区农民整个生活逐渐改进，俾完成乡村的整个建设”（见图2－6）。[②]

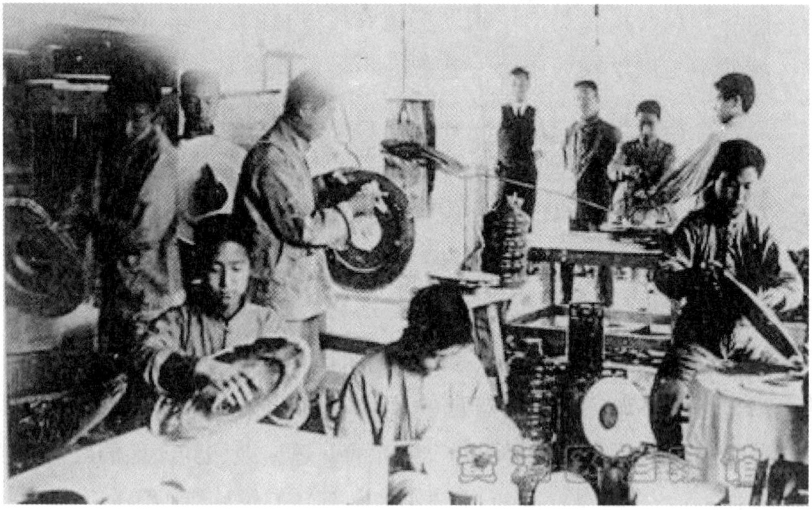

图2－6　中华职业学校珐琅科学生在实习

在黄炎培乡村教育思想的指导下，中华职业教育社创办了若干乡村教育实验区，其中，成绩较突出者为1926年中华职业教育社与东南大学、中华教育改进社、中华平民教育促进会合作试办的江苏昆山徐公桥实验区，其宗旨为：“以农村入手，划定区域，从事实验，其以教育之力，改进农村一般生活，以立全社会革新之基。”[③] 实验区设立乡村改进委员会，下设教育部，主要工作是大力普及文化，举办民众夜校、家庭识字处、游乐室、读书室，举行露天识字、

① 中华职业教育社：《农村教育文辑》（1），第4页。
② 江问渔：《农村教育与农村改进》，《教育与职业》第104期。
③ 《中华教育界》，1927年第2卷，第16期。

露天讲演等。可以说，徐公桥试验区一方面通过推广新农具、引进良种、开发副业、组织合作社等手段来提高农村生产力，改善农民生计；另一方面又通过各种形式教农民读书识字，提高文化水平，培养乡村专业人才，在乡村改进事业上取得了突出成绩，这一切与黄炎培的“大职业教育”“划区实施”和“富教合一”思想的指导是分不开的。

第四节　梁漱溟：“从创造新文化上来救活旧农村”

图2－7　梁漱溟像

梁漱溟（1893—1988），原名焕鼎，字寿铭、萧名、漱溟，后以其字行世，广西桂林人。中国著名思想家、哲学家、教育家，现代新儒家的早期代表人物之一。1917年梁漱溟应聘于北京大学主讲印度哲学，发表《东西文化及其哲学》一书，阐发其“东方精神文明论”和新儒家思想，在学术界颇有影响。梁漱溟自称“是一个有思想，又且本着他的思想而行动的人”。1924年，他辞去北大教职，到山东菏泽办高中，又创办了山东乡村建设研究院，发表《中国民族自救运动之最后觉悟》《乡村建设大意》《乡村建设理论》等著作，推行乡村建设运动。中华人民共和国成立后，任全中国文化书院院务委员会主席，中国孔子研究会顾问等职。终身致力于中国传统文化的复兴。1988年6月23日病逝于北京，著作集中收录在《梁漱溟全集》中（见图2－7）。

梁漱溟在城市出生成长，然而长期从事乡村建设，一生不断追求着两个问题：一是人生问题，即人活着为什么；二是中国问题，即中国向何处去。作为“以农立国”的代表人物，梁漱溟从理论到实践，都在坚定表明自己鲜明的“农国论”立场。

“原来中国社会是以乡村为基础，并以乡村为主体的；所有文化，多半是从乡村而来，又为乡村而设——法制、礼俗、工商业等莫不如是……中国近百年史，也可以说是一部乡村破坏史。”梁漱溟在1937年发表的文章《乡村建设理论》中这样写道。梁漱溟认为只有给予农村以应有的重视，在农村发动乡村建设运动，重建乡村文明，才是唯一出路，故提出“救中国先救农村”①。他认为中国的城市与西方近代城市不是同一个概念，中国“一直到现在还是以乡村为本，以农业为主；国民所寄托，还是寄托在农业，寄托在乡村”②。中国近代试图从政治经济方面学习西洋以实现工业化现代化，但其结果“除了明着暗着直接间接地破坏乡村之外，并不见有都市的兴起和工业的发达”③。在西方都市文明的吞噬下，以乡村为根基的中国乡村文明不仅没有发展，反而日形萎缩；不仅没有吸收西方“理智”文化的长处开创出新的特质，反而将自身固有的理性精神丧失殆尽。但总的说来，在西洋文化的影响下，中国社会所发生的变化“到底还是皮毛，没有达到骨子里边”④。在广大的农村尚有传统文化精髓余存，也只有广大的农民尚少受西方文化的腐蚀而成为传统文化的最后捍卫者。所以，要振兴中华民族，唯有复兴中国传统文化，从“老根”上发出“新芽”；要复兴中国传统文化，要在中国完成社会转型创造一个新的社会，又“必须从乡村做起”⑤，从农民做起。需要强调的是，在梁漱溟眼中，乡村文明并不与都市文明相对立。乡村与都市不应该是截然不同的两种事物，两者“不相矛盾，而相沟通相调和”，所以，完全可以“先农后工，农业工业结合为均宜的发展”⑥。

农业经济是农业社会的标签，自古以来就是我国国民经济的基础，“以农为本”一直是历代统治者坚守的基本国策。梁漱溟依据其

① 梁漱溟：《序言·乡村建设实验》（第二集），上海书店出版社1992年版，第1页。

② 梁漱溟：《梁漱溟全集》（第一卷），山东人民出版社1989年版，第608页。

③ 同上书，第609页。

④ 梁漱溟：《乡村建设理论》，上海书店出版社1992年版，第378页。

⑤ 梁漱溟：《山东乡村建设研究院及邹平实验县工作报告》，《乡村建设实验》（第二集），上海书店出版社1992年版，第177页。

⑥ 梁漱溟：《乡村建设理论》，上海书店出版社1992年版，第443页。

中西文化比较理论，尖锐批评西方现代化模式，认为该模式“向外逐物”导致人的异化，提出中国的现代化只能强调以农为本的传统文化，在广大的农村“促兴农业”，复兴农村经济，走农业化的道路。为此，梁漱溟在其乡村建设理论中设计了一系列促兴农业的具体措施，如建设乡学村学，以之对农民进行文化、科技教育，提高农民的人文素质。

梁漱溟所主张的农业化道路并不是工业化道路的对立，反而能促进工业化的进程。他清醒地认识到工业化在现代化中的重要地位，肯定中国的兴亡系于能否工业化，认为农业只是“我们图翻身的一种凭藉；要翻到工业上，才算是翻起身来”[①]。他只是反对重蹈西方“从商业发达工业”的覆辙，因为这条老路最易腐蚀人心，使人沦为物欲的奴隶，最终破坏民族文化。他提倡的是“从农业生产农民消费两面来刺激工业起来”[②]，也就是“促兴农业引发工业”的新路，因为“工业是进一步的要求，农业是活命的根源”[③]。只有首先改造农业，解决吃饭问题才能够解决社会稳定的问题，才能够进行工业化建设。另一方面，只有农业的发达才能“引发”效果更佳的工业化，才能既立足中国传统文化的根本精神，传承固有的“理性”文明，同时又能满足人的物质要求。

梁漱溟认为农民占全国人口的绝大多数，是中国最大的劳动生产群体。农业现代化的实现，农村经济结构的改善，乃至乡村文明的建设，归根结底，都要具体落实到农民的身上。所以，人的问题才是最根本的问题，人的素质的提高才是解决“三农”问题的关键，农民的人文素质的提高就是乡村建设运动中一个急待解决的问题。梁漱溟在其乡村建设理论中对农民主体性给予了相当的重视，断定“农民自觉、乡村组织是解决乡村问题的基本条件”[④]。农民人文素质低下，缺乏团体精神，所以，必须在广大农村兴办村学乡学，由社会精英

① 梁漱溟：《乡村建设理论》，上海书店出版社 1992 年版，第 432 页。
② 同上书，第 388 页。
③ 同上书，第 379 页。
④ 梁漱溟：《梁漱溟全集》（第一卷），山东人民出版社 1989 年版，第 620 页。

（知识分子）深入广大农村教育启发农民，对农民不仅进行传统文化的教育，传授现代化的农业科学知识，并灌输现代民主的基本观念。这样，经过全方位的改造而培养出具有现代化理念的农民，使广大农民“自觉”，即让农民“明白现在乡村的事情要自己去干”，“要自己起来想办法，去打算”①，积极参与到乡村建设运动中去，才能实现真正的乡村建设运动。因为“天下事无论什么都要靠他本身有生机有活气；本身有生机有活气，才能吸收外边的养料”。② 只有发动在农村从事农业生产的农民，使农民成为“解决乡村问题的主力”③，乡村的事情才有办法。“单靠外力往往不但不能把乡村救好，反而祸害了乡村。”④“乡下人自己起来想办法，才能把乡村救得好；并且这个好才能保得长久。”⑤

梁漱溟并不反对政治、经济的变革，但却坚持从文化角度衡量一切，坚持从文化入手来解决农村问题乃至中国的前途。从本质上说，梁漱溟乡村建设理论是一种独特的文化建设理论，其发起的乡村建设运动就是一场植根于农村的文化建设运动。梁漱溟认为，文化是一切问题解决的根本，是最后之觉悟。中国的前途即中国现代转型必将以文化为依托，中国现代化的根本不在经济现代化而在文化现代化。所以，他苦心孤诣地探求中西文化之区别，得出文化三路向说。中西印三家文化根本精神不同，根本方向相异，故不可能全盘西化。而且，处于第二路向的中国传统文化注重人与人的关系，在人类文化发展历程上要高于西方文化，因为处于第一路向的西方文化只能解决人类最低层次的意欲要求。西方目前面临的人生问题已经“由第一种问题转入第二种问题”，其文化必定会随之“由第一路向改变为第二路向”。⑥ 中国本身的态度，则唯有立足中国传统文化，同时对西方文

① 梁漱溟：《梁漱溟全集》（第一卷），山东人民出版社 1989 年版，第 618 页。
② 同上书，第 617 页。
③ 同上书，第 680 页。
④ 同上书，第 617 页。
⑤ 同上。
⑥ 同上书，第 493 页。

化“全盘承受而根本改过”[1]，即将西方近代文化的两大异彩（科学与民主）纳入中国传统文化，才能返本开新，从旧文化中创造出一个新的文化，为中国传统文化打开一条活路，才能顺利实现中国的现代化，解决中国的前途问题。

自从近代以来，中西冲突的实质就是文化的冲突。在“理智”型西方文化的不断侵袭下，体现了“人类理性”的中国文化不仅节节退败，而且逐渐被破坏殆尽，故“中国问题的内涵，虽包有政治问题、经济问题，而实则是一个文化问题”[2]，是“极严重的文化失调”[3]。中国问题的根本解决，就不能局限于经济或政治的方法，而应该直探问题的核心，即从文化入手以根本解决。纵然是政治问题或经济问题的解决也不能够脱离文化，因为“中国之政治问题经济问题，天然的不能外于其固有文化演成之社会事实，所陶养之民族精神，而得解决”。[4] 为此，他将乡村建设直接定义为“从创造新文化上来救活旧农村”。[5]

梁漱溟自己身体力行的也是以乡村为主体的道路。1931 年，梁漱溟从时任山东省政府主席兼第十路军总指挥韩复榘那里争取到 10 万大洋，在邹平县成立山东乡村建设研究院。1933 年 7 月，他又争取到国民政府通过特别法规，将邹平地区列为实验县，允许学院开展研究和培训活动，包括改革政府行政机构。按照梁漱溟的构想，散漫的农民，在知识分子的帮助下，逐渐联合起来为经济上的自卫与自立，同时从农业引发工业，完成社会的自给自足，建立社会化的新经济结构。1933 年，梁漱溟在山东邹平县的县政改革中，把邹平县内原有的区、乡、镇全部废除，重新划为 11 个乡，以 366 个自然村作为最低的行政单位。乡有“乡校”，村有“村校”。学校教育分为成人教育、妇女教育、儿童教育。儿童教育内容强调有用：识字、农业

① 梁漱溟：《梁漱溟全集》（第一卷），山东人民出版社 1989 年版，第 528 页。
② 梁漱溟：《乡村建设理论》，上海书店出版社 1992 年版，第 328 页。
③ 同上书，第 21 页。
④ 梁漱溟：《中国民族自救运动之最后觉悟》，上海书店出版社 1992 年版，第 11 页。
⑤ 梁漱溟：《梁漱溟全集》（第一卷），山东人民出版社 1989 年版，第 615 页。

知识、一般科学、卫生常识和公民学。1933年，研究院解散职业警察，建立平民自卫力量。他们还建立改进道德的公约，反吸毒、酗酒、赌博；用现代科技推广农业技术；在每个乡设立卫生所，培训护理人员，为他们配上自行车和卫生箱。到1938年，已经有几百个合作社，向社员提供贷款，以摆脱高利贷，从事编织、养蚕、林业、植棉、信贷。按照梁漱溟的构想，最终的目标是达到乡村的自主、自立和自治，避免为国家自上而下的权力和公共服务支付高昂的组织成本，提高农民“如何处今日社会”的自觉，使农民具有“如何营现代生活”的能力。后来，韩复榘又将菏泽等13个县拓展为“县政建设试验区”。到1937年，山东全省107个县，实行乡村建设管理的县达70多个。1937年，日军侵占济南，韩复榘不战而退。之前，梁漱溟为了保留乡村建设研究院的成果，曾力劝韩复榘，未果。后来，韩复榘因不抵抗，被蒋介石枪毙，丢了一条命，而梁漱溟则失去了继续进行乡村建设尝试的机会（见图2－8、图2－9）。

图2－8　1934年，从事乡村工作的若干团体领导人及专家学者在邹平合影。右一为梁漱溟

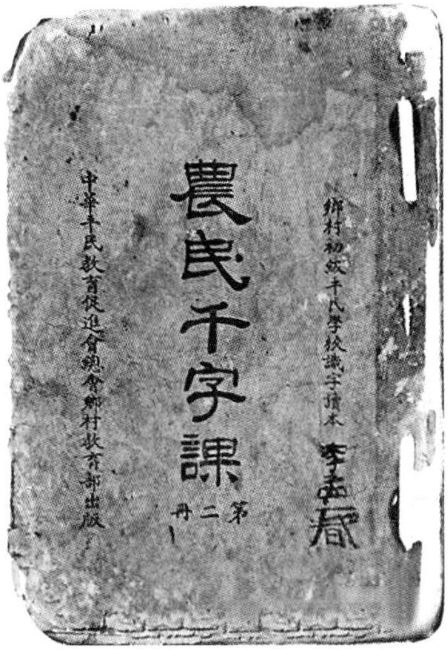

图 2－9 当时乡村建设运动中的识字读本

第五节 晏阳初：“复兴民族，振兴国家，首当建设农村，首当建设农村的人”

晏阳初（1890—1990），平民教育家，四川巴中人，四五岁时开始到父亲开设的塾馆念书，接受启蒙教育，也接受了儒家的民本思想和天下一家的观念，为日后的平民教育运动和乡村建设运动埋下了“微妙的火种”。13 岁时，晏阳初进入内地传教士开办的教会西学堂读书，1913 年高中毕业后考取香港圣保罗书院，1916 年赴美，曾就读于耶鲁大学和普林斯顿大学。1920 年 8 月回国后，即投身平民教育运动。1923 年 3 月 26 日组织成立中华平民教育促进会，任总干事。1944—1945 年晏阳初被美国锡拉立兹等三所大学授予博士学位（见图 2－10）。

图 2－10 耶鲁大学毕业时的晏阳初

晏阳初自称“三C”影响了他的一生，即孔夫子（Confucius）、基督（Christ）和苦力（Coolies）。比较具体地说是：来自远古的儒家民本思想；来自近世的传教士的榜样和来自四海的民间疾苦和智能。他说：“我是中华文化与西方民主科学思想相结合的一个产儿。我确是有使命感和救世观；我是一个传教士，传的是平民教育，出发点是仁和爱。我是革命者，想以教育革除恶习败俗，去旧创新，却不主张以暴抑暴，杀人放火。……我相信‘人皆可以为尧舜’。圣奥古斯丁说：‘在每一个灵魂的深处，都有神圣之物。’人类良知的普遍存在，也是我深信不疑的。”

作为乡村建设运动的领导人，晏阳初坚决地倡导“以农立国”，鼓吹乡村地位的重要，认为乡村的重要地位决定“民族再造”的使命要由乡村建设来负担。晏阳初认为乡村的重要地位主要体现在三个方面：第一，乡村是中国的经济基础，离开了农业、农村和农民，国家就不能存在。过去几千年的中国是如此，现在还是如此。人们吃的、住的、穿的，甚至走的路都是由农而来，是农民生产的。没有了农村，衣食住行以至一切人生需要，就立刻要发生问题；第二，乡村是中国的政治基础。中国政治的基础不在中央，也不在省，而在乡村，因中央政府与省政府都是政治的上层建筑，与农民的关系是间接的。中央政府各部院长官的调动，省政府委员和客厅长官的进退，很少能引起农民的注意，只有县政府、区政府和乡政府才与农民的利益休戚相关，县长的廉洁与否，区长乡长的好与不好，都是农民所关心的，这说明县政区政乡政才是中国政治的真正基础，有了好的乡政，才会有好的区政，有了好的区政，才会有好的县政，有了好的县政，才会有好的省政，有了好的省政，才会有好的国政。所以中国的政治出路，必须从建设最基层的农村政治开始。“农村不清明，四万万人永不能见天日，中国政治永是个黑暗政治。”[①] 第三，乡村是中国人的基础。构成国家的三要素是土地、主权和人民，但在这三要素中，“人民”又是最重要的要素，有了人，土地、主权可以失而复得，没

① 晏阳初：《晏阳初全集》（第二卷），湖南教育出版社1992年版，第34页。

有人，土地、主权可以得而复失。中国人民号称四万万，农民则占了85%，因此，真能代表中国的，不是上海的买办，也不是天津的富户，甚至不是城市的居民，而是居住在两千多个县中无数农村里的乡下佬。就是世居城市里的居民，他们的祖先也十之八九是农民，农民是中国人的代表。近代以来，中国所以会积贫积弱，受到列强的欺侮，甚至面临亡国灭种的危险，一个重要的原因是对人是立国的根本和对中国的人的基础在乡村这一问题缺乏足够的认识，所以他强调“民为邦本，本固邦宁”，中国唯一的出路是做“固本”的工作。

乡村的地位虽然如此重要，是中国的经济、政治和人的基础，然而长期以来，乡村没有得到应有的重视和建设。晏阳初认为这有三个方面的原因：首先，是没有认识问题的所在。他指出，中国自从鸦片战争失败以后，上自政府当局，下至志士仁人，一致认为中国政治非改革不可，于是有变法维新，有民族革命，有一次又一次的改革，但所有这些维新、革命和改革，都没有抓住真正的基础问题，只求在制度上、体系上翻花样，而不管其是否符合人民的需要、中国的国情。所以这些维新、革命和改革的本身都没有生命，乃至人存政举，人亡政息。其次，是受了西洋文化的影响。他指出，西洋文化是工业文化，工业文化集中于城市，而不注重农村，它的对象是工业、工厂和工人。中国的许多留学生，从西洋搬来了这一套，“放款不以农村为主，教育不以农民为主，政治、经济、文化，一切建设，都以城市为中心”。既以城市为中心，当然也就没有农村建设。再次，是中国士大夫的麻木。他指出，中国旧的士大夫，自居四民之首，不辨菽麦，不务稼墙，“村夫”“农夫”成了他们骂人的口头禅。和旧的士大夫一样，从东西洋回来的新的士大夫，也不屑讲乡村建设，斥农民为“麻木不仁”。他们讲政治、讲教育、讲经济都不及于乡村，瞧不起农民。更有甚者，如果有人提倡建设乡村，还要挨这些新的士大夫的骂，“以为这是失意政客、落伍学者的玩意儿，因为自己无出路，不得已才往农村跑”①。正因为作为中国经济、政治和人的基础的乡村，

① 晏阳初：《晏阳初全集》（第二卷），湖南教育出版社1992年版，第36页。

长期以来由于上述三个方面的原因没有得到应有的重视和建设，从而导致了民族的衰老，国势的不振，因此，要复兴民族，振兴国家，“首当建设农村，首当建设农村的人”①，也就是培养适应20世纪现代化变革中国家所需要的具有知识力、生产力、公德心及健康体魄的“完整的人”。在平民教育运动中，晏阳初发现中国的文盲主要是在农村。农村要是无法发展，中国是无法实现现代化的。于是1929年，他来到了河北定县，这个地方后来成了遍及全世界的乡村建设运动的发源地。因此，晏阳初的实现“民族再造”过程也就经历了两度大的转变：一是从城市平民教育转变为乡村平民的识字教育，一是在定县实验的经验基础上，将一般意义的文化教育转变为乡村建设，实施综合整体性的社会改造。

对于自己献身乡村建设的原因，晏阳初在1940年有过动情的表述：“中国的农民负担向来最重，生活却最苦：流汗生产是农民，流血抗战是农民，缴租纳粮的还是农民，有什么‘征’，有什么‘派’也都加诸农民，一切的一切都由农民负担！但是他们的汗有流完的一天，他们的血有流尽的一日。到了有一天他们负担不了而倒下来的时候，试问：还有什么国家？还有什么民族？所以，今天更迫切地需要培养民力、充实民力的乡村建设工作。”在定县，晏阳初发现中国农民的问题主要是“愚贫弱私”。晏阳初认为，乡村建设的使命既不是“救济乡村”，也不是“办模范村”，而是要立足于“民族再造”这一艰巨而长期的使命。他说：“中国今日的生死问题，不是别的，是民族衰老，民族堕落，民族涣散，根本是人的问题，是构成中国的主人，害了几千年积累而成的很复杂的病，而且病至垂危，有无起死回生的方药问题。”乡村建设就是为解决这一问题而起，“所以说中国的农村运动，担负着‘民族再造’的使命”。他提出以“除文盲，做新民”为宗旨，以“民为邦本，本固邦宁”为核心，实施生计、文艺、卫生和公民“四大教育”，即以文艺教育攻愚，培养农民的知识力；以生计教育攻穷，培养农民的生产力；以卫生教育攻弱，培养农

① 晏阳初：《晏阳初全集》（第二卷），湖南教育出版社1992年版，第35页。

民的强健力；以公民教育攻私，培养农民的团结力。具备了这四种力，才可以算作“新民”，才可以达到“固本强国”的目的。直到1937年抗日战争爆发，定县实验才被迫中止。1940年晏阳初在四川成立中国乡村建设学院。由于在乡村建设中取得的成绩，晏阳初于1943年与爱因斯坦一起被美国一百余所大学和科研机构评为“现代世界最具革命性十大伟人”（见图2-11、图2-12）。

图2-11 定县的平民识字

1945年，晏阳初在一次与蒋介石的会面中说：“我们人民遭受了二十一年的内战，他们流尽了鲜血。现在该是为农村的大众干一些事情的时候了。”蒋介石说：“你是个学者，我是个战士。”他说，等他消灭了对手之后，要聘晏阳初为全中国乡村改造运动的领导。晏阳初说：“委员长，如果您只看到军队的力量，而看不到人民的力量，那么你会失去中国。”在说服蒋介石无效后，晏阳初偷偷来到纽约，他在美国最高法官威廉·道格拉斯的引导下，“走后门”潜行到杜鲁门

图 2 - 12 定县的农村卫生保健发生革命性的变化（翻拍）

总统的办公室——因为前门有许多蒋介石的密探。杜鲁门说：“这些年来，我收到的每一要求都是帮助这个政府、那个政府。”他说晏阳初提出的是他收到的第一个帮助中国民众的计划。杜鲁门对晏阳初说：“你看，这是一项悬在国会的议案，叫作‘1948 年援助中国经济’，其总额为 27500 万美元。我准备建议所有这些钱都用于你的这个计划——这个为中国农民进行的平民教育和乡村改造计划。”晏阳初大概一下子吓坏了，他忙说，我们不需要那么多的钱，我们有十分之一就够了。后来美国国会通过了一项叫“晏阳初条款”的议案，这是美国历史上第一次由一个外籍人士促使国会通过一个拨款条款。

1949 年以后，晏阳初转道台湾去了美国。在台湾，他说：“你们把中国最好的人才和这么多的钱拿过来了，台湾要是再搞不好，你们就要打屁股！”晏阳初只在台湾待了一个礼拜就走了，但是后来台湾在改造和建设乡村的过程中大量借鉴了晏阳初的经验。1956 年，菲律宾在晏阳初的间接帮助下，按晏阳初的乡村改造思想，历史上第一批全国选举的议员产生了。后来晏阳初在菲律宾建立了国际乡村改造学院，这个机构一直工作到今天。之后，晏阳初把他的平民教育推向其他穷国，泰国、印度、威地马拉、哥伦比亚、加纳等地均留下他的足迹。他被称为“国际平民教育之父”。

第六节 卢作孚：“乡村运动的根本要求是实现现代化”

卢作孚（1893—1952），著名实业家，原名魁先，别名思，重庆合川人，1908 年改名作孚。1915 年起，卢作孚在成都《群报》《川报》任记者、编辑、主笔等职，撰文抨击时弊。期间曾与王德熙、恽代英、萧楚女等人倡办通俗教育，推行新文化运动。1924 年，在成都创办民众通俗教育馆，任馆长。1926 年 6 月，在重庆集资创办以“服务社会，便利人群，开发产业，富强国家”为宗旨的民生实业股份有限公司。1927 年初，卢作孚在北碚出任四县特组峡防团务局局长，肃清峡区匪患，整顿北碚市容，兴建嘉陵江温泉公司和北碚林育场，建立民生机器厂，开辟渝碚和渝泸航线。1930 年 9 月，中国西部科学院在北碚正式成立，卢作孚出任院长，创办了兼善中学，将峡防局工务股改为三峡染织厂。1947 年蒋介石全面发动内战，民生公司随之陷入极大困境，“外无以偿外债，内无以供开销”，全靠借债度日。这时，卢作孚认识到只有社会主义才能救中国的真理。当年夏秋间，他在香港和许涤新取得联系，受到党的政策启迪，坚定了信念，于 1950 年 6 月离开香港，返回北京，随后民生公司留香港的 18 艘轮船亦先后开回祖国大陆，担任西南军政委员会委员和北碚文化事业管理委员会主任等职。1952 年 2 月 8 日在重庆不幸逝世，终年 59 岁。毛泽东称赞其为我国四个不能忘记的实业家之一（见图 2－13）。

卢作孚认为，乡村在全国政治、经济生活中的重要地位决定了人们必须重视乡村。他说，从政治上看，在中国这个农业大国中，乡村是全国政治的基础。乡村地域广阔，人口众多，全国城市均处于其包围之中，如果“乡村人民不能自治，不肯过问利害切身的乡村问

图 2－13　1939 年 9 月 24 日，卢作孚在汉口航政局改良木船试航典礼上发表演讲

题”，“不肯过问眼前以外的地方乃至国家的政治问题”，完全让土豪劣绅和军阀专横，那么“乡村问题放大起来，便是国家的问题”。[①] 因而要致力国家建设就不能不重视乡村建设。从教育上看，尽管乡村学龄儿童和教育需要程度都远远超过城市，但“乡村教育的经营远在城市以下”。[②] 而且乡村的青壮年不断到城市谋生并大量迁入城市，这对城市的发展带来了相当的“妨碍”。所以，要建设城市文明，就必须重视乡村教育。再从经济上看，乡村经济愈不发达，人民生活愈贫困，往城市跑的人就愈多，这既给城市建设带来负担，也给乡村农业生产带来严重影响。同时，城市工业原料大多来自农村，城市工业、交通愈发展，原料需要量愈增加，“乡村经济事业如没有同样的速度进展，既不衰退，亦必引起城市原料的恐慌”。[③] 城市经济发展势必会受到乡村经济不发达的严重制约。从社会治安方面说，“盗匪起于乡村，不起于城市。盗匪一起，发生了乡村的治安问题，扩大起来，便成了国家的治安问题”。从文化方面说，与城市相比，乡村的封建主义思想文化和道德观念根深蒂固，严酷地统治着乡村，禁锢着人们的灵魂，阻碍着乡村进入文明时代。人们津津乐道、趋之若鹜的是“鸦片烟、赌博、庙子、唱戏、酬客”。[④] 这一切都说明，乡村的愚昧、贫穷、落后，已经到了十分严重的地步。鉴于上述原因，卢作孚主张必须改变中国政治机关设在城市，导致政

---

① 卢作孚：《乡村建设》，《嘉陵江日报》1930 年 1 月 7 日。
② 同上。
③ 同上。
④ 同上。

治、经济、文化、教育上的种种经营集中城市而忽略乡村的弊端。卢作孚又认识到，“乡村运动的目的，不只是乡村教育方面，如何去改善或推进乡村里的教育事业；也不是在救济方面，如何去救济乡村里的穷困或灾变”这两个方面，只能部分地解决乡村普遍落后的问题。因此，乡村问题的根本解决，唯一的途径只能是“赶快将乡村现代化起来”，“乡村运动的根本要求是实现现代化”。[①]

卢作孚是立足于乡村，放眼全国，以乡村的现代化建设为着眼点，完成整个国家的现代化建设，实现中华民族的复兴，其认识是深刻的，也是有远见的。为此他还勾勒了一幅北碚乡村现代化的蓝图：

经济方面有：矿业（包括煤厂、铁厂、石灰厂）；农业（包括大农场、大果园、大森林、大牧场）；工业（包括发电厂、炼焦厂、水门汀厂、造纸厂、制碱厂、织造厂）；交通（包括轻便铁路、汽车路、电话、电报邮政）。

文化方面有：研究事业（包括生物、地质、理化、农林、医药、社会科研）；教育事业（包括小学、中学、职业中学）；文体设施（包括图书馆、博物馆、民众教育场所、运动场）。

社会治安方面有：维护社会治安的组织机构（三峡地区防卫团，经费来自于民生公司拨款和乡村经济建设拨款）。

医疗服务方面有：医院。[②]

卢作孚1927年初在北碚出任江、巴、璧、合峡防团务局局长，开始实施他的北碚乡村现代化建设。一到北碚便提出“打破苟安的现局，创造理想的社会”和“造公众福，急公众难”的口号，有计划、有步骤地在肃清峡区土匪、安定地方秩序的同时，相应地开办各种社会服务事业。一方面对土匪实行“化匪为民”“以匪治匪，鼓励自新”的政策，给自新匪徒的生活出路，安排回乡生产；对士兵实行“寓兵于工”，峡防局士兵，除剿匪和军训外，平时也要学习职业技能，要求每人要掌握一种专门技术。另一方面，经常率领学生队和峡

① 卢作孚：《四川嘉陵江三峡的乡村运动》，《中华教育界》1934年第10期。
② 参见卢作孚《建设中国的困难及其必循的道路》，《大公报》1934年8月11日。

防局官兵，巡回各乡镇，开周会、演戏剧，作体育表演，宣传卫生，破坏迷信，改造社会风俗。其后的十多年中，卢作孚在北碚地区实施了一系列的实业乡建措施，如创办了嘉陵江温泉公园、兴建了北碚体育场、创办《嘉陵江报》、建立北碚实用小学，提倡教学与社会实用相结合，教材要求实用，教法从实际出发，把孩子从小培养成诚实能干的有用人才。创办了“峡区图书室”、建立了北碚民众博物馆。发起举办嘉陵江运动会、创办了兼善中学、设立了民众教育办事处。

1936 年，北碚峡防局改为嘉陵江三峡乡村建设实验区，卢作孚兼任了实验区乡村设计委员会副主席。1937 年卢沟桥事变后，抗日战争全面爆发，在积极投入抗战之余卢仍惦记并坚持北碚的建设。1944 年作为中国实业界代表，出席了在纽约召开的国际通商会议，回国后又在北碚创办了中国西部博物馆。

卢作孚在北碚的乡建运动，效果非常明显，受到了国内外的一致好评，乡村实业建设模式的成功开创，使卢作孚和梁漱溟、晏阳初一起获得了民国乡建“三杰”的殊荣，美丽的北碚也将永记卢作孚不朽的乡建功绩（见图 2－14—图 2－17）。

图 2－14　峡防局旧址

图 2－15　20 世纪 30 年代的北碚码头

图 2－16　20 世纪 30 年代的平民公园（现北碚公园）

图 2－17　中国西部科学院旧址

第七节　陶行知：“中国以农立国……平民教育是到民间去的运动，就是到乡下去的运动”

陶行知 1891 年 10 月 18 日生于安徽歙县的一个清苦农家，原名陶文濬，后改知行，又改行知。自幼聪颖过人，接受了较为完整的中国古典文化教育。15 岁时幸运被崇一学堂校长、传教士英国人唐进贤慧眼看中，受邀免费入学该校，初步接触到了西方文化，打下较好的英文基础。生活在中国社会底层的陶行知从童年时代起就对民间的疾苦有深切的感受，他尤其关注中国的农村，立志为改变中国贫穷落后的面貌和广大中国农民受剥削压迫的悲惨处境去奋斗，“我是一个中国人，要为中国做出一些贡献来”。1914 年 6 月，陶行知以金陵大学全校第一名的成绩毕业，时任江苏教育厅厅长的黄炎培先生亲自为陶行知颁发了毕业文凭（32 年后，陶行知积劳成疾逝世时，黄炎培先生曾有“秀绝金陵第一声”之悼亡诗）。陶行知曾在他的毕业论文《共和精义》中初步表达了他自己以后把推广、普及教育作为终生志业的愿望。1914 年秋陶行知先到美国伊利诺伊大学学习市政，为实现教育造福中国的志向，他在获得了美国伊利诺伊大学政治学硕士学位后的 1915 年 9 月，又考入美国哥伦比亚大学师范学院，师从孟禄、杜威，并期望通过教育来救国救民。杜威以学生为中心，注重社会教育的思想深深切中了陶行知。后来他回国从事乡村教育的核心理念“生活即教育”“社会即学校”“教、学、做合一”的思想，即是杜威“教育即生活”“学校即社会”的中国创造性发展版本。1917 年夏，陶行知获得了美国哥伦比亚大学“都市学务总监资格”文凭，谢绝了导师的挽留，并没有完成博士学位论文。26 岁的他怀着“要使全国人民都受到教育”的崇高理想回到灾难深重的中国，开始他艰辛的平民教育实践之路。

作为一个伟大的教育者，陶行知以农立国的主张主要体现在他的乡村教育思想上。在陶行知的眼中，热爱以农立国的中国，就是要爱“中华民族中最多而最不幸之农人”，他号召一大批人才把整个心献给三万万四千万的农民。在推行平民教育的过程中，在和广大贫苦农民接触后，陶行知深切感到中国教育改造的根本问题在农村，平民教育的方向应该有所转变，他说：“中国以农立国，住在乡村的人占全国人口的 85%。平民教育是到民间去的运动，就是到乡下去的运动。”“如果平民教育不能深入到中国广大农村去，那是没有前途的。”1924 年，他在给朱经农的信中说：“知行自从亲自到民间去打了几个滚，觉得我们有好多主观的意见都是错的，没有效验的。”要想普及教育，就必须使平民教育下乡，开展乡村教育运动，陶行知决定改变平民教育方向，他要到乡下去（见图 2－18）。

中国作为一个农业大国，“农民占全国人口总数之百分之八十五，这就是说，全国有三万万四千万人民住在乡村里，所以乡村教育是远东一种伟大之现象。凡关心世界问题的人们，决不至忽略这种大问题——中国的乡村教育关系全世界五分之一的人民”。① 而中国的教育，完全脱离了农村、农民、农业的发展需要，表现出以下的弊端：“他教人离开乡下向城里跑；他教人吃饭不种稻，穿衣不种棉，住房子不造林。”“他教人有荒田不知开垦，有荒山不知造林。他教人分利不生利；他教农夫的子弟变成书呆子。他教富的变穷，穷的格外

① 陶行知：《陶行知全集》（第二卷），湖南教育出版社 1985 年版，第 26 页。

图2－18　1917 年陶行知（右一）在美国哥伦比亚大学与胡适（左二）等人合影

穷，强的变弱，弱的格外弱。”[①] 因此，重视农村教育，处理好农村问题，实现农村的繁荣稳定，才能实现中国的真正发展。陶行知认为乡村教育，必须以农村生活为内容，必须在农村生活环境中去学习，乡村生活环境就是乡村学校，用与农村生产、生活相联系的内容来培养学生改造农村的活的能力：“他头上顶着青天，脚下踏着大地，东南西北是他的围墙，大千世界是他的课室，万物变化是他的教科书，太阳月亮照耀他工作，一切人，老的、壮的、少的、幼的、男的、女的都是他的先生，也都是他的学生。”[②] 陶行知重视小学教育的重要性，“庙小乾坤大，天高日月长”，一个地方如果能够办好一所小学，那么这所小学简直可以成为改造这个地方的中心。因此，陶行知向全社会宣告：“我们的新使命，是要征集一百万个同志，创设一百万所

① 陶行知：《陶行知全集》（第一卷），湖南教育出版社 1984 年版，第 653 页。
② 陶行知：《陶行知全集》（第二卷），湖南教育出版社 1985 年版，第 206 页。

学校，改造一百万个乡村。”然后通过这些小学校“来为中国一百万个乡村创造一个新生命，叫中国一个个的乡村都有充分的新生命，合起来造成一个‘中华民国’的伟大的新生命。”[①] 陶行知明确认识到，“科学为近世文明之特彩，西方富强之源泉”，“欧美各国实力强大，都是应用科学发明的结果”，所以“科学必须下嫁，知识必须给予农民”[②]，实现教育、科技和农业的携手。而改变农村破败的现状的途径则是：“我们要想建设新中国，必须用教育的力量来唤醒老农民，培养新农民，共同担负这个伟大的责任。”[③] 这里的“新农民”则是具有独立主体意识的，不仅能够适应现在农村现状，而且能够彻底改造农村，适应未来农村发展的具有改革创新精神的农民。学生出自教师，教师来源于师范，师范教育是全国的重头戏，“师范教育可兴邦，也可以促国之亡”[④]，“师范学校负培养改造国民的大责任，国家前途的盛衰，都在他手掌中”[⑤]。他认为传统教育中“先生是教死书，死教书，教书死；学生是读死书，死读书，读书死”[⑥]，而真正“好的先生不是教书，不是教学生，乃是教学生学”[⑦]，教会学生用已掌握的基础知识去继续独立地学习。

在这些理论的指导下，为了实现自己改造中国乡村的梦想，1926年陶行知与东南大学教授赵叔愚等人一起筹建乡村师范学校，校址选在南京远郊偏僻荒凉的晓庄（原名小庄），这就是后来驰名中外的晓庄试验乡村师范学校（晓庄师范），陶行知任校长。1926年元月，陶行知就江苏省立五所师范学校在乡村设立分校一事，提出了“师范教育下乡运动”。他意识到，点到即止的乡村支教对改变中国乡村的教育面貌将无济于事，他的梦想是让“乡村学校做改进乡村生活的中心，乡村教师做改造乡村生活的灵魂”，“乡村师范之主旨在造就有

---

① 陶行知：《陶行知全集》（第一卷），湖南教育出版社1984年版，第654—655页。
② 周洪宇、余子侠、熊贤君：《陶行知与中外文化教育》，人民教育出版社1999年版。
③ 陶行知：《陶行知全集》（第二卷），湖南教育出版社1985年版，第117页。
④ 陶行知：《陶行知全集》（第五卷），湖南教育出版社1985年版，第161—162页。
⑤ 陶行知：《陶行知全集》（第一卷），湖南教育出版社1984年版，第166页。
⑥ 参见陶行知《行知教育论文选集》，大连大众书店1947年版。
⑦ 陶行知：《陶行知全集》（第一卷），湖南教育出版社1984年版，第88页。

农夫的身手、科学的头脑、改造社会精神的教师”（见图 2－19）。

图 2－19　1927 年 3 月 15 日，陶行知在南京北郊创办晓庄试验乡村师范学校（南京晓庄学院前身）

1927 年初，晓庄师范开始招生。它的招生广告别具一格，值得全录如次：“培养目标：（一）农夫的身手；（二）科学的头脑；（三）改造社会的精神。考试科目：（一）农务或木工操作一日；（二）智慧测验；（三）常识测验；（四）作文一篇；（五）五分钟演说。本校准备：（一）田园二百亩供学生耕种；（二）荒山十里供学生造林；（三）最少数经费供学生自造茅屋住；（四）中心学校数处供学生实地教学做；（五）指导员数人指导学生教学做。投考资格：初中、高中、大学一年级半程度，有农事或土木工之经验，及在职教师有相当程度，并愿意与农民共甘苦，有志增进农民生产力，发展农民自治力者，皆可投考。特别声明：少爷、小姐、小名士、书呆子、文凭迷最好别来。”这一打破陈旧框框的招生广告一时轰动全国。自此，来自全国各地热心乡村教育事业的有志青年纷纷前来投考或是应聘担任教员。3 月 15 日，晓庄师范经过艰苦而简单的筹备正式开学，董事长为蔡元培，校长为陶行知。在开学典礼上，陶行知发表了热情洋溢的讲演，称：“本校特异于平常的学校有两点：一无校舍，二无教员……本校只有指导员而无教师，我们相信没有专能教的老师，只有经验稍深或学识稍好的指导。所以，农夫、村妇、渔人、樵夫都可做我们的指导员，因为我们有不及他们之处。我们认清了这两点，才能在广漠的乡村教育的路上前进。”

在晓庄师范，陶行知脱去西装，穿上草鞋，和师生同劳动、同生活，共同探索中国教育的新路。他把杜威的教育理论加以改造，形成“生活教育”理论：“生活即教育”，“社会即学校”，“教学做合一”，“在做中学”。晓庄师范学生在老师的指导下自己开荒，自己建茅屋，做什么事，就读什么书，还走出校门参加村里的农协会和打倒土豪劣绅的斗争。把学校教育与社会生活及生产劳动结合在一起，培养学生的实际才干和创新能力，把学生培养成有农夫的身手，有科学的头脑，有改造社会精神的乡村教师，生活教育理论基本符合中国国情，晓庄师范很快在全国声名远播。

1927 年 10 月，蔡元培和沈定一等来晓庄师范参观，高度肯定了晓庄的事业对改造中国所具有的深远意义。晓庄师范吸引了全国 20 多个省市的各界人士前来参观、学习。晓庄师范甚至引起了世界的注意，美国著名教育家克伯屈博士是设计教学的创始人，从苏联考察教育后专程来参观晓庄。他把参观过程拍成纪录片，在和陶行知交流后，他盛赞：“在我这次参观考察后，觉得你的学校办得很好。今后无论我走到世界上哪一个国家，我都要说中国南京有一个晓庄学校，办得很好。它是代表世界教育的一道曙光！”晓庄师范培养的学生大都极具社会关怀，而且实践能力十足，在很大意义上，它实际培养了许多有志的社会革命者。要求聘请晓庄师范毕业生的邀请函如雪片翻飞，甚至泰国曼谷的华侨学校都来该校聘请教师。1930 年，蒋介石和冯玉祥、阎锡山以及桂系军阀发动中原大战，由于陶行知和冯玉祥交情甚深，蒋介石疑心陶行知的晓庄师范是他的反对者，再加上晓庄师范的确存在具有革命倾向的热血青年。蒋介石悍然于 4 月 8 日下达了关闭晓庄师范的密令，并通缉陶行知。陶行知被迫离开凝聚着他一生心血的晓庄师范，避走日本，以逃脱国民党政府的迫害。

1932 年，国民政府解除了对陶行知的通缉，陶行知准备光明正大地让晓庄复校，但因国民政府对晓庄师范校园的非法侵占，致使学校二次被封。陶行知在对蒋介石的独夫本质有了深刻认识后，继续以更灵活的方式来传播他的“晓庄”精神。陶行知和著名教育家陈鹤琴创办了工学团，继而又组建了新安旅行团和山海工学团等承继晓庄教育精神的组织，发明并倡导了享誉世界的“小先生”制，就是通过教育家庭的小朋友，再利用小朋友去教育家里不识字的人。在中国当时的社会条件下，“小先生”制发挥了非同寻常的巨大作用，并扬名国际。1936 年 8 月，在伦敦世界教育会议第七届年会上，陶行知作了“中国救亡运动与小先生普及大众教育运动实践情况”的报告，受到与会各国代表的高度赞扬。印度代表甚至直接邀请陶行知去访问印度，指导印度的普及教育工作。在印度，圣雄甘地抱病和陶行知交流半个小时，临别时，特别叮嘱陶行知：“请代表我向中国人民致意。请把您在印度演讲大众教育的问题，写成文章，寄给我们。”

抗战爆发后，他一方面提倡国难教育，另一方面身体力行，在重庆创办了育才学校，继续着他通过普及平民教育拯救并改造中国的理想。育才学校为国家培养了不少专门人才，尽管它受到进步党派团体和人士的支持，但国民政府一直对它的存在甚为警惕，办学经费也极其拮据，陶行知为了保证它的运转四处奔走而积劳成疾。

1946 年 7 月 25 日，陶行知这位把自己的一生全部贡献给中国平民教育的巨人，突发脑溢血在上海去世，享年仅 56 岁。他的遽然辞世，震动了全国乃至全世界。1946 年 7 月 25 日，毛泽东在延安窑洞接到周恩来从上海发给党中央的电文，电文报告了陶行知先生去世的消息。毛泽东十分悲痛，沉思良久，随后拿起毛笔，饱蘸墨汁，凝重有力地写下了“痛悼伟大的人民教育家，陶行知先生千古！——毛泽东”。此后，延安党政军民学、社会各界联合召开了两千多人的追悼大会，沉痛悼念这位伟大的人民教育家。10 月 27 日，上海各界为他举行了隆重的追悼大会；同年 12 月 9 日，美国纽约也为这位世界级的教育家举行追悼会，由杜威和冯玉祥担任名誉主席，威廉·霍兰德担任主席，美国教育界的各大名流以及留美中国人士出席。陶行知先生以毕生的心血，投身于大众的平民教育，以生命的热度实践着以农立国的人生信条，谱写了中国乡村教育最灿烂的篇章（见图2-20—图2-22）。

图2-20　在晓庄相关学校学习的乡村儿童

图2-21　晓庄相关学校学生在学习科普知识

图 2－22 按照遗嘱，1946 年 12 月 1 日陶行知转葬于晓庄劳山之麓。董必武、沈钧儒、黄炎培、翦伯赞、史良等分别参加葬礼与公祭大会

第八节 董时进：“中国有长远之农史，广大之农地，良善之农民，宜发挥其所长，不宜与西人为我占劣势之竞争”

董时进于 1900 年旧历十月十八日生于四川省垫江县武安乡。在上海南洋公学（即上海工业专门学校，今交通大学之前身）毕业后弃工学农，于 1917 年考入北平京师大学农学院，1920 年毕业后考入清华大学公费留学美国之专科，旋赴美国康奈尔大学专攻农业经济学。1924 年获农业经济学博士学位，被选为美国施革玛赛学会荣誉会员，又在伦敦大学作学术研究，在欧洲各国考察一年。

1925 年回国后，曾任重庆西南体育专门学校名誉校长、北平大学农学院院长、四川大学农学院院长；1929 年他和竺可桢、翁文灏等五人代表中国出席太平洋科学会议；1938 年任江西省农业学院院长、四川省农业改进所所长，在此期间，他成立了“中国农业协进会”，1940 年为“国际农业协会”接纳；又创办“现代农民社”，自筹经费主编《现代农民》月刊，在全国公开发行。1940 年在重庆沙坪坝井口镇兴办大新农场，种植果树。饲养奶牛，他亲身参加剪枝、嫁接等劳动。1945 年举家赴上海。1950 年，董时进迁美国定居，执教于加利福尼亚州州立大学，又任美国国务院农业顾问。退休后，笔耕不辍，著述甚多；在美国、加拿大各大城市的社团、大学演讲不下 300 次，晚年为和平统一中国，奔走于海峡两岸，终因患肠癌，于 1984 年 4 月 16 日辞世，享年 84 岁（见图 2－23）。

图 2－23 董时进的自传体小说《两户人家》描绘了四川垫江地区从晚清到中华人民共和国的乡村画卷，通过董氏家族的变迁展示了此一历史时期乡村农民的奋斗及局限，以及董时进从一个懵懂少年成长为蜚声国际的农学家的人生历程

董时进认为中国是个农业大国，国家之兴盛，必须以农立国，科教兴农。他以兴农为己任，终生不渝，即使在美国定居的 34 年，他仍念念不忘中国农业的振兴。董时进志趣在农，纵观其一生，与“农”字结下不解之缘，可谓一生务“农”。他为农师，任农官，办农刊，立农会，建农党，创农场，著书立说，多是言必称“农”。1986年，政府给大新农场的补偿款2.6万元人民币，他早有遗嘱，捐赠给西南农学院作为奖学金。在董时进自办的大新农场，他还经常下地从事农业技术方面的劳动。董时进1938年在成都创办了《现代农民》月刊，发刊辞宣称，一是要传达有益于农民的知识，一是要作农民的喉舌。月刊内容分政论、农业科技、农人之声和通俗文艺三部分，普及农林科学技术，受到广大农民的欢迎，对发展四川农业、林业、畜牧业都做出了一定的贡献。《现代农民》月刊，以农民的喉舌自居，也曾揭露、抨击过国民党基层政权的腐败，赞扬过中国共产党，尤其是赞扬陕甘宁边区的“三三制”政权好。但他拒绝靠拢国民党，也不理解共产党，想以美国为模式走第三条道路。董时进出版了多本专著，如《农业经济学》《农民与国家》《国防与农业》《农村合作社》《粮食与人口》《农人日记》等。他主张推广良种，兴修水利，放干冬水田，提高复种指数，推广美国式的农场，实现机械化、化学化。

董时进于1946年秋组建中国农民党，自任主席，先后发展党员800多人，对农民党的建党宗旨在成立宣言中解释道：“中国之所以闹到目前这样糟的局面，病根是因为农民不能做国家的主人，只做了别人的武器和牺牲品。因此认为欲使中国成为一个太平、富强的民主国家，非培养农民的政治能力，并将他们团结起来，使能行使公民的职权不可。”农民缺乏利益表达机制，使他们的平等权呼声无法传达。为此农民党的党纲是：第一，建立民主政治；第二，促进经济发展；第三，合理分配财富；第四，消除一切战争。

1946年，国民党当局强行单方面召开国民代表大会，农民党却拒绝参加，董时进著文指责“国民代表大会不代表农民”，之后他办的《现代农民》月刊屡遭当局的压制，他又发表文章说：“批评政府是农民的权利，只有暴君才怕人民批评。”董时进晚年致力于和平统一中国的活动，提出主张，奔走于海峡两岸，访问政要，他对邓小平先生的实事求是、解放思想极为赞赏，并充分肯定中国的改革开放政策。董时进后以垂暮之年，在1979年、1981年、1983年作了三次中国之行。回美国后，以《大陆之行》《重返大陆》《再去大陆》为题，撰文在《美洲华侨日报》上长篇连续发表，如实反映了中国城乡尤其是故乡垫江县的真实情况，诚心希望中国和平统一，批评台湾当局拒不接触、谈判的错误态度。

作为以农立国派的主要理论家，董时进在20世纪20年代就鲜明地表达了自己以农立国的观点，他认为在全球经济资源有限的情况下，农业作为第一产业拥有比工业优越的发展前景，保持农业的主体地位有利于维护经济权益和社会稳定，有力抵制国外势力对中国工业乃至经济的染指，因此中国应该走农业国的道路，而中国不宜进行工业化。并且他还通过对丹麦的分析，以丹麦为例，说明在现代世界中，农业立国是能够强国富民的。值得指出的是，董时进曾留学美国，具备现代农业经济学理论素养，他在20世纪30年代初写成《农业经济学》一书，以世界各国的农业发展为参照，对农业在中国社会经济中的地位和发展进行了系统阐述。董时进对农业在国民经济中的地位有了全面的认识，表现在如说中国人的衣食原料大部分为本国农业所提供，中国人民的大多数职业均为农业所赐予，中国农业是中国工业的基础，农业为国家财政收入的主要源泉，农业供给中国出口货的绝大多数，等等，他提出的振兴农业之策包括推广职业教育、优化农民素质、发展农村工商业、增加农产，可谓是对中国新农村建设的最早探索。董时进的这些理论不仅拓宽了考察农业经济重要性的视野，而且开启了人们认识农业和工业互相关系的新思路。

第九节　杨开道：“过去的中国是以农立国，现在的中国仍然是以农立国，将来的中国还是要以农立国”

杨开道（1899—1981），中国社会学家，生于湖南新化。1920年考入南京高等师范农科，1924年赴美留学，先后在艾奥瓦农工学院和密歇根农业大学学习农村社会学，获硕士、博士学位。1927年回国，先后任复旦大学、大夏大学、中央大学农学院社会学教授，燕京大学社会学教授兼系主任、法学院院长。1928年组织学生到清河镇调查，并于1930年在清河镇建立实验区。同年发起成立中国社会学社。1948年初任上海商学院教授和合作系主任。中华人民共和国建立后，历任武汉大学农学院院长、华中农学院筹委会主任和院长等职。杨开道长期致力于农村社会学的教学和研究。他十分强调理论研究与实地调查相结合，“强调理论研究和实地调查相结合，主张用科学的方法去研究中国的农村，使转嫁服务于农民，农民依靠转嫁，达到改良农村组织，增进农人生活的目的”。[①] 主要著作有：《农村社会学》（1929）、《社会研究法》（1930）、《社会学研究法》（1930）、《社会学大纲》（1931）、《农场管理学》（1933）、《农场管理》（1933）、《农业教育》（1934）、《农村问题》（1937）、《中国乡约制度》（1937）、《农村社会》（1948）等。杨开道将美国的农村社会学学科引入中国，建立了系统社会学和农村社会学人才培养机制。做为中国第一代社会学家，他亲自培养和影响了一大批在社会科学领域作出卓越贡献的学者，费孝通、瞿同祖是其中的佼佼者（图2－24、图2－25）。

图2－24　杨开道像

杨开道是近代中国最早关注乡村问题，并力主“以农立国”的学者之一。他在《农村自治》一书的序言中写道：“在六年前，民国十二年的夏天，作者还是一位嫡系的农学生，在东南大学洪武棉场实习，对于棉花、玉米、黄豆的交配，还有不少的兴趣……可是不知不觉的里面，感觉到农业界一个重要的缺点……（农民）还是在那吃苦，在那发愁，和国内的农学士、国外的农博士，没有一点缘分。当时下了一个决心，不愿意再做和农

① 罗东山：《杨开道》，《中国大百科全书·社会学卷》，中国大百科全书出版社1991年版，第453页。

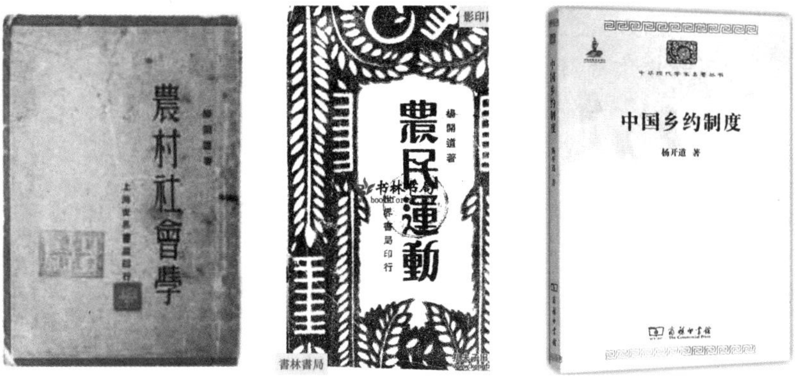

图2－25 杨开道的著作

民不相干的助教、专家、教授，而愿意做农民的朋友，做农民和专家中间的一个介绍人，使专家能够服务农民，农民能够利用专家。”①此后，杨开道赴美期间学习西方农村社会和农村社会学方面的知识，并在日后将之带回国内。在“农村生活丛书”系列著作中，杨开道介绍了欧美农村社会学学说，欧美农村发展历史及统计资料，从理论上论述农村社会的性质与特征、种类、起源、进化、人口、环境、生活、组织等，并结合西方农村社会学原理，针对中国农村社会提出了一系列的看法和主张：将农村社区的概念引入中国农村社会学研究，以“共同社会”作为研究的基本单位，杨开道开创了系统化的农村社会研究的方法论；他认为农村问题不同于农业问题，农村社会研究不是研究某一单方面的问题，研究的根本目的是谋农民全体的幸福，系统观看待农村问题等。

生于晚清长于民国时期的学人们，大都怀抱救国图存的意识，与同辈一样，杨开道是为了谋求中国农村发展，谋求中国农民幸福立志而学。所以，杨开道的学术与现实紧密联系，他的思想始终伴随着中国近代农村救亡图兴之路，具有很强的实用色彩。杨开道认为，“解决农村问题不能单靠理论，就像诊病的医生，必须明白人体的生理和构造，才能判断所患的病症，开出药方。喊几句口号，贴几张标语，

① 杨开道：《自序》，《农村自治》，世界书局1930年版，第1页。

就像打吗啡针一样，可以刺激镇定一下，但结果治不了病”①，他主张，“为了改良农村社会，一定要先了解农村”②。

在详细了解了中国乡村的现状后，杨开道提出了有关中国农村问题的系统理论。他认为农村问题不同于农业问题，对农村问题研究的根本目的是谋农民全体的幸福，所以应剖析农村社会的各个方面，如人口、地域、心理、文化、经济等。农村问题是以人为主体，人与人的关系为主体。土地分配仅是诸多问题之一，绝非唯一的问题。最根本、最有效的解决之道，在于对农民的教育，包括文化教育、公民教育、农业训练等方面。其他办法有改善交通设施，实行“重农”政策，或由政府出面协助佃农买地。③ 杨开道认为，当时中国农村生活不发达的原因主要有以下几个方面：第一是教育不良。第二是经济困难。农民所耕面积太少，耕地不满10亩的农家占1/3强。第三是工作太忙，农民们拼命工作，把精神生活给抛弃了。第四是农村社会相互间距离太远，交通不便，结果农民只有家庭生活，没有社会生活，也没有充分的人力和财力去组织社会事业。第五，是农民毫无组织。农村是散漫的社会，农民不知组织的利益和方法。而引介西方农村生活运动的经验则是谋求改善中国农村生活的捷径之一。在杨开道看来，如果按照自然顺序进行中国农村生活的改良，就会耗去许多精力和时间，而如果按照原理和成例的教训去计划中国的农村生活运动，则可以省掉许多精力和时间，成绩也许更好。为此，他介绍了英美等国开展旨在建设“好农业，好经营，好生活”（Better Farming, Better Business, Better Living）的农村生活经验，针对中国农村现状提出了11项具体意见。包括：提高农民知识；改良农事；注意农村经济；便利交通；扩大农村范围；提倡农民组织；培养农村领袖；发展社会服务；生活社会化；开发正当娱乐；生活艺术化。④

① 杨开道：《农村社会》，世界书局1930年版，第2页。
② 同上。
③ 杨开道：《农村问题》，世界书局1930年版，第6页。
④ 杨开道：《农村社会学》，世界书局1930年版，第80—94页。

赴美留学之前，杨开道就“以为农村自治，在整个的农村生活改良是最基本的方法”①，从事农村社会研究之后，农村自治始终是他关注的焦点，从20世纪20年代末至30年代，对农村自治的研究成为了杨开道一系列农村社会研究的主旋律。杨开道认为：“自治的意义，就是自己处理自己的事务。农村的自治，便是一个以农业为主要职业的村子的人民，大家联络起来，处理他们大家共同的事务。自治的意志，绝对是村民自己的意志，他们自己要处理他们自己的事务，愿意处理自己的事务，才有自治的可能。”② 杨开道认为，中国农村自治问题在于人民的政治意识和政治观念。“自从秦汉以后，中央集中权力，地方政治，人民丝毫不能过问，所以养成一种不问政治的习俗。人民自己抛弃自己的民权，听凭政府管理的宰割，数千年以来，都是这样。”③ 故而，杨开道还深入研究中国历史，在历史中寻找中国农村自治的资源，进行了关于农村自治的社会史研究。他广引《周礼》《管子》《文献通考》等古籍，论述历朝历代的农村组织。杨开道认为，可以把中国历史上的乡约制度作为地方自治的基础。于是，他进一步探讨乡约制度的起源、演变及其同保甲组织的关系，强调乡约是振作国民精神的一个适当的办法。在他看来，乡约秉承德业相劝，过失相规，礼俗相交，患难相恤的原则，应为一个全体村民的组织。然而，农村自治施行过程中则存在着一些问题，杨开道针对存在的问题提出了批评，例如自治推行方式方面，“自上而下的政治，无论方法如何良善，组织如何严密，办理如何周到，总是官治，是被治，不能算是自治”④；以及在自治编制方面，“算术式的编制，机械式的编制只能在纸上奢谈，或是在四四方方井田制度底下实行，对于事实的农村社会，太没有顾到了……不管他们的家族，不管他们的职业，不管他们的社会地位，不管他们的互

① 杨开道：《农村自治》（自序），世界书局1930年版，第2页。
② 同上。
③ 同上。
④ 同上书，第6页。

相了解，勉强了凑成一块，还能真正去工作，去作自治的基础吗?”[①] 这种自上而下的推行模式，以及不考虑地方实际情况以编制形式进行组织整合，不可能实现真正的农村自治。面对既存问题，杨开道从“主体”“组织”“事业”“人才”“经费”几个方面论述农村自治的保障基础，廓清农村自治的本义，旨在为建设真正的农村自治提供理论和实践上的指导。

杨开道将理论教学与社会实践结合，与燕京大学社会学系的学生们一起深入农村，开展了调查与社会工作结合的清河社会学实践活动。1928 年秋季，燕京大学社会学及社会服务学系，获得美国洛克菲勒基金部捐助一笔款项，作为教授社会学及研究社会学之用。杨开道、许仕廉等人决定选择一个村镇，作社会学的教学、研究、服务之用，即建立一个社会学的“实验室”。许仕廉、杨开道牵头组织一个委员会，负责调查事务。许仕廉任主任，杨开道任书记及实地调查的总指导。[②] 调查实践活动历经两年，由许仕廉完成了调查报告，对当时清河的社会、经济、政治等方面的基本状况作了描述和分析，并且着重强调了“清河试验区”在农村社会服务方面所体现出的意义和价值。

燕大社会学系根据清河社会状况调查结果，提出了五条改善当地社区生活的措施：第一，开办成人识字班、图书馆等。第二，重新开办小学，由燕大学生义务授课。第三，开办一个卫生诊所，提高当地的健康水平。第四，帮助农民办销售合作社。第五，当地政府部门应与人民合作，修建道路及排水系统，并最大限度地利用河水灌溉，最终将清河建成为本地区的模范镇。1930 年 2 月，“清河社会试验区”正式成立。在此后的 7 年内，燕京大学社会学系开展了颇有收效的农村社会服务工作。如试办农村信用合作社及其他各种合作社；设小本借贷处，试验放款，以改进生产事业，消除高利贷；引进优良品种、凿井、植树等，进行农业改良；开设家庭毛织业训练班；开办幼稚

① 杨开道:《农村自治》(自序)，世界书局 1930 年版，第 16 页。

② 阎明:《一门学科与一个时代——社会学在中国》，清华大学出版社 2004 年版，第 80 页。

园、幼女班、母亲会、家政训练班。另外还办了图书馆和阅报室；开展防疫工作和设办医疗门诊，等等。

清河试验区所取得的社会实践成果，不仅提高了当地人的生活质量，地方性地实现杨开道倡导的全面改善农村生活的目标，而且培养了燕京大学社会学系学生的实践调查与农村工作能力。20 世纪 30 年代，在吴文藻主导下，燕京大学社会学系的年轻学者们运用“功能学派”理论，采取社会学的“参与观察法”，出产了一批实地社区研究成果，可称为“燕京学派”。而“清河调查”则是“燕京学派”的先声。

20 世纪 30 年代，杨开道发表了多篇政论时评，其中与梁漱溟先生争论的系列文章颇为引人注目。在这一系列文章中，杨开道较为完整地展示了对于农村建设运动的信心和发展计划。系列文章题名为《梁漱溟先生村治七难解》，发表于国立中央大学农学院主办的《农业周报》（*Farmers' Weekly*）杂志，从 1929 年 10 月的创刊号直到第十一号，创刊号、第二号、第三号、第六号、第九号、第十号、第十一号，共计 7 篇，对应梁漱溟的七大难题一一给出了自己的解答，对农村自治提出了积极、可行的主张。如：关于培养和选拔村长问题、对于村治领导群体出现的新旧人物之争的问题等。在关于对梁漱溟所提村民问题的回应中，杨开道提出了废除农村手工业的思想。其在 20 世纪 20 年代末就已经形成了关于农业机械化的成熟看法，并清醒地认识到农村脱离手工劳动的未来出路，打破了一些使农村返璞归真，重回传统的农村建设者的迷梦。与梁漱溟的悲观相比，杨开道展现了他的积极乐观态度，这积极态度并非空穴来风，恰恰由于建立在长期务实的基础上，杨开道才可能真正提出建农兴农的可行性意见。

杨开道还发表大量文章，从不同侧面探讨农村建设的实践道路：如《农业周刊》第十四号始发表《农村娱乐问题》（连载）、第十六号始发表《农民教育问题》（连载）、第十八号始发表《农民家庭教育》（连载），等等。用通俗平实的文笔探讨农村建设的具体问题，一方面这些文章让关心农村建设的知识分子真正了解了农村、认识了农村；另一方面也为政府发展农村建设提供了实践性参考。20 世纪 40 年代，杨开道担任《新世界》杂志主编期间，撰写了大量引介西方先进技术与管理经验，探讨中国与西方关系的文章。作为中国第一位农村社会学博士，杨开道严格地依据学科规范撰写农村社会性理论和研究方法的书籍，为培养农村社会学专业人才准备优秀教材。作为最早关注农村社会的社会学专家，杨开道系统地将英、美、丹麦、法等西方国家农村改革和建设经验介绍到中国，为探索农村发展之路的学者们开阔了视野，提供了参考思路。同时，亲自将西方实践与中国现实结合，其撰写的书籍涉及农村社会建设的方方面面，内容细致扎实，现在读来也仍具有很强的指导意义。作为最早怀抱农村自治理想出国求学的学者，杨开道却在发历史之微，撰写制度考证之文，细致发掘中国历史自治传统的脉络，开创社会学与历史结合研究道路的先河。杨开道的学术响应了时代的召唤，并成为时代的强音，而其学术音律，仍然具有强烈的魅力，值得我们重新奏响。

第十节　费孝通：“中国农村经济……是要工农相辅，不能只靠农业”

费孝通（1910—2005），1910 年生于江苏吴江，早年师从社会学家吴文藻，俄裔人类学家史禄国学习社会学。1936 年，费孝通负笈英伦，师从人类学泰斗马林诺夫斯基。他的博士论文《中国农民的生活》以及后来的《乡土中国》《生育制度》“差序格局”理论使他赢得了国际声誉，曾获国际应用人类学会马林诺夫斯基名誉奖和英国皇家人类学会赫胥黎奖章。其所著的《江村经济》被公认为是我国社会人类学实地调查研究的一个里程碑。回国后的费孝通，专心致力于社会学和人类学的研究，关注中国农村经济的发展，并在此领域做出重大贡献（见图 2－26）。

图 2-26 费孝通像及费孝通著作

程中原（中国社会科学院当代中国研究所研究员）曾经说过：“我在南京《江海学刊》任主编的时候，和费老有过文字上的交流。那是他投来的关于小城镇建设的文章，他进行了深入的调查，在小城镇的功能、意义、特点的描述上，我感到他对中国实际问题抓得很紧。他主张发展乡镇企业，发展小城镇，让农民从农村出来，进入乡镇企业工作，小城镇就像是储蓄所，农村经济发展的时候要进城，经济形势不好的时候就回家。我认为他抓住了中国农村发展的关键……从最熟悉的地方开始研究，研究了老家一辈子，走出了一条如何发展中国的路子。”陆学艺（中国社会科学院社会学研究所研究员）在谈到费孝通对中国的社会主义现代化建设的贡献时说：“每年都有几个月到农村去进行调查研究，带出了好的学风。他在全国人大常委会副委员长、民盟中央主席的位置上，提出了许多富民的主张，对改革开放以来中国农村的社会发展做出了很多贡献。”

费孝通理论联系实际，让社会学中国化。他一生志在富民，致力于用社会学的知识去改变中国农村的贫困落后状况的努力，折射出这位世纪老人与中国以及中国乡村近一个世纪休戚与共的关系——把生命、劳动和乡土结合在一起。费孝通对农村、农民有着深厚的情感，甚至在谈到第二任妻子孟吟时这种感情也表露无遗：

“我的爱人是农村来的，她的父亲是村民，但不是真正的农民。我喜欢她是由于她有一些我所缺少的东西。她单纯，有‘乡土气息’。她不喜欢看电影，但喜欢在屋里屋外劳动。她殷勤好客。这是在农村养成的性格。”

近代以来，关于中国工业化发展道路的问题，思想界有着深入的研究和广泛的争论。社会学家费孝通先生于20世纪三四十年代提出的发展乡村工业，实现乡土重建的思想于各家之中独树一帜。虽然屡屡为时人诟病，但终于在20世纪80年代乡镇企业的异军突起中印证了其深刻性和高度的预见性，堪称当今乡镇企业发展真正的思想源头。①

这家偏居太湖南岸的不起眼工厂，将因1935年费孝通的到来在世界人类学史上留下浓墨重彩的一笔，也打开了一扇观察中国乡村工业的窗户。

四年后费孝通出版了以开弦弓村为考察对象的博士论文《中国农民的生活》（扉页书名为《江村经济》），一举成名。与之相伴，开弦弓村获得了“江村”这个学名，同时也被作为“中国农村的首选标本”而在全球学术界闻名。从1935年到2002年，费孝通一共对江村进行了26次访问。费孝通对江村引起的蝴蝶效应在于，不仅使其成为中外学者了解中国农村的窗口，更从实际上促进和改变了当地村民的生活。从这个意义上讲，开弦弓村可以说是“费孝通的江村”。（见图2－27、图2－28）

在《江村经济》里，费孝通提出了一个明确的观点：“中国农村的基本问题，简单地说，就是农民的收入降低到不足以维持最低生活水平所需程度。中国农村真正的问题是人民的饥饿问题。”通过调查，费孝通已经对中国的社会有很深刻的认识，但他的志向在于用学术推动社会进步和人民生活改善，为民族生存提供必需。1938年功成名就的费孝通回到祖国后，在抗日战争的硝烟中，费孝通直接去了云南

---

① 参见徐勇《现代化中的乡土重建——毛泽东、梁漱溟、费孝通的探索与比较》，《天津社会科学》1999年第5期。

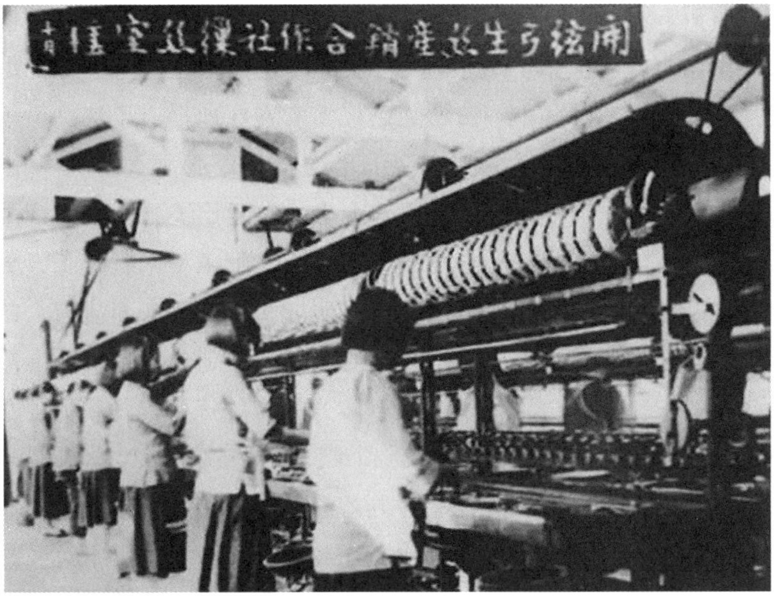

图2－27 20世纪30年代开弦弓村生丝合作社缫丝车间

图2－28 20世纪20年代开弦弓村生丝合作社第一批职员合影

乡下进行调查，写出了第二本英文书《云南三村》，并自称为他的“第二期调查报告”。如果说《江村经济》还停留在对中国社会的认识的话，《云南三村》中，费孝通已经实实在在地提出了解决中国社会的出路：农村要摆脱饥饿，除了土地以外，必须建立“乡镇企业”。在费孝通先生看来，无须西方舶来，中国传统的乡土经济中自然就蕴涵着“工”的成分，“种植五谷是农，加工稻米就是工，男耕女织，耕与织就是农与工的区别”①，“工业帮着农业来养活庞大的农村人口”，这里所说的工业即指农民的家庭手工副业，是农民维持其生活的重要支柱。费孝通认为，近代以来西方的资本扩张导致了众多乡村工业的破产，农民的收入降低到难以维持最低生活水平的程度，中国农村的饥饿问题由此产生。乡村经济的衰落还打乱了城镇和农村之间的经济平衡，造成了乡村资金的干竭，加速了城镇资本对乡村土地的兼并。各种问题最终归结到土地占有问题上来，导致了农民对土地制度不满的反抗斗争。

解决土地问题是解决这一问题的关键。从这个意义上讲费孝通先生赞成中国共产党以土地革命解决土地问题的主张，他甚至认为土地革命是工业革命的一个前提，他指出：“这种改革是必要的，也是紧迫的，因为它是解除农民痛苦的不可缺少的步骤。他将给农民以喘息的机会，排除了引起‘反叛’的原因，才得以团结一切力量，寻求工业发展的道路。”②

土地问题的解决缓解了中国的“三农”问题，但是在革命胜利后的工业化浪潮之下，农民和农村的出路仍然令人难以乐观。在这个问题上费先生表现出了一种超前意识，在他看来，农民并不一定局限于土地和农业之中，农村也不是一定要和工业化格格不入。解决中国的农村问题固然需要改革土地制度，但根本的办法还是从工业化中寻出路，也就是恢复乡村工业，增加农民的收入。费孝通先生所言的“恢复”乡村工业，并不是指复原传统的家庭手工业的旧貌，而是要使乡

---

① 费孝通：《费孝通文集》（第三卷），群言出版社1999年版，第3页。
② 费孝通：《费孝通文集》（第二卷），群言出版社1999年版，第199页。

村工业“变质”，这种“变质”可以分为两个层面，一是技术层面，即引进现代的科学技术和组织形式，使之发展成为现代的乡村工业；二是人文层面，即乡村工业的发展要以“合作”为根本原则，使乡村工业成为合作性质的组织，这样可以防止生产资料集中于少数人之手，从而能使广大农民都可以分享到乡村工业发展的好处。

费孝通对乡村工业方方面面的设想是这样的：在乡村和乡村附近的集镇里，分散着大量的使用机器和电力的小型工厂，这些现代工业文明的产物成为乡村的核心。成百上千个小农家庭围绕在它的周围。这些工厂是属于大家的，它们是合作制的工厂，农民并不放弃农业，他们在农田里的产品即是工厂的原料，同时工厂里的工人也来自农户，农民把原料先在自己的家庭里用手工进行初级加工，再送入工厂进行深加工。工厂中凡是不必使用机器生产的环节，均尽可能在农户家中用手工进行，这样工厂和家庭、机器和手工有机地结合在一起，工厂被社区化了，或者说乡村被工厂化了。一个工厂化的乡村可能只生产产品的零部件，或者只承担制造过程的某个环节，最后，一个可以把小型制造单元协调在一起的大型组织把产品集中在一个大的中心工厂里组装，终端产品再由运销合作社送到消费者手中。这些工厂的收益以分红和工资两种形式分配给农民，因为他们同时兼有老板和打工者的双重身份。

乡村工业要发展，那么都市工业还要不要发展了？在处理二者的关系上，费先生认为乡村工业是可以和都市工业并存和共同发展的。发展乡村工业，并不是不要都市工业，一方面二者都面临着共同的敌人——外国工业扩张的威胁，在都市工业受国外先进工业的压力而无法充分发展的情况下，发展乡村工业能够帮助都市工业抵制西方工业的势力，壮大民族工业的力量；另一方面在都市工业发展还不完善的情况下，填补一些市场的空白，尽可能地为农民谋一些福利，从乡村中也可以走出一条中国自己的工业化道路来。

近代以来，中国的一些传统的乡村工业在现代工业的冲击下日趋衰落，但也有若干地区的乡村工业在现代工业的影响下，改变了原来的面貌，获得了新的发展。其中明显的特征是新技术的运用和新的生产组织形式的出现，生产规模迅速扩大，质量显著提高，产品主要不再依靠当地集市，而是向本地区以外的市场输出。就整体而言，中国出现了城市工业化和乡村原始工业化并存的局面，本来原始工业化与工业化是不同历史阶段的工业生产形态，但在我们这样一个“后发外缘型”的大国中这二者却会在一个较长历史时期并存和共同发展。毋庸讳言，二者之间存在着竞争的一面，但互补是当时二者之间的主导面，乡村工业可以以机器工业的半成品为原料，成为当时资本主义工业化进程中的一个有机组成部分。20 世纪初，民族机器纺纱业的发展就主要依赖手工织布业的原料需求，到 1930 年时，机纱量的 78.46% 为手织机所消费。① 同时，城市工业还为乡村工业提供了大量的机器设备，如天津最早的几家民族机器厂之一的郭天成机器厂生产的“郭天成”牌织布机，“行销高阳一带，年产织布机、轧花机一百四、五十台”②，这表明二者之间出现了某种“双赢”的局面，费先生的乡村工业思想就是在这样的时代背景下产生的。

在当时二元经济结构并存的情况下，费孝通先生思想中的乡村倾向显而易见。这种倾向，当然不是来源于对经济技术因素的考虑，因为无论如何乡村工业在技术上和效率上都是无法与都市工业相提并论的。这一点费孝通先生自己也不讳言：“我们的问题并不是都市工业效率高？还是乡土工业效率高？而是我们求工业的充分现代化，而让 80% 的农民收入减少，生活降低呢？还是求农民多一点收入，而让工业在技术上受一点限制？我的选择是后面这半句。”③ 在他看来工业发展是为了什么呢？难道就是为了发展而发展吗？如果工业发展给最大多数的人带来的是更多的痛苦，那么工业发展还有什么意义呢？既然发展乡村工业可以为农民带来更多的利益，而农民恰恰是中国这个乡土社会最大的弱势群体，那么发展乡村工业的理由就足够了，其缺点在发展中加以克服就是了。费先生的乡村工业思想与其说是一种经

---

① 彭南生：《中国早期工业化进程中的二元模式》，《史学月刊》2001 年第 1 期。

② 许景星：《天津近代工业的早期概况》，《天津文史资料选辑》（第一集），天津人民出版社 1979 年版。

③ 费孝通：《乡土重建》，《费孝通文集》（第四卷），群言出版社 1999 年版，第 384 页。

济思想，倒不如说是一种文化思想，是传统的“农本”思想在工业化时代的发展，人们把它称为“草根”工业，这其中浓缩的是知识分子的社会责任感和对弱势群体的浓浓的人文关怀。

费先生所倡导的乡村工业则可以称之为是一种土洋结合的“嫁接型”工业，如其所言“既不是西方世界的复制品，也不是传统的复旧”，而是“两种力量相互作用的产物”，即在传统的经济形态中部分植入现代因素，使其获得新的生命力和发展动力，最终在发展中实现脱胎换骨般的现代化转型。这种“嫁接型”的工业发展模式具有成本低、风险小、易启动、富于可操作性、有利于挖掘传统中的优良因素等特点。即使是在都市工业发展中也是有可借鉴之处的，对我们而言“在进行工业化的同时，尊重客观规律，既注重引进国外先进技术和管理经验，努力加快工业化进程，但又不能违背规律，一厢情愿地试图在人为的时间范围内消灭传统的生产方式。历史的经验告诉我们，后发工业化国家必须坚持走移植型和嫁接型相结合的道路”①。这大概就是费孝通先生的思想给予我们的最有意义的启示吧。

正是这些心系祖国，胸怀民族的知识分子，以“天下中国”为己任，把自己一生的热情和追求奉献给了中国的农村、农民和农业。虽然早期“农国论”者提出的理论观点在我们今天看来难免过于武断、有失偏颇，甚至幼稚到漏洞百出，各种论据还透露着牵强附会的痕迹，但是他们毕竟在用心地认真思考中国的过去、现在和未来，用自己的行动在认真实践中国的富国强民之梦。1949 年前，中国虽然是一个农业很落后的国家，但负责农业复兴的领导和主要人才却并不落后，他们对中国农村问题的观察非常深刻。随着历史的发展、时间的推移、社会的进步，“农国论”者——中国的时代精英们对中国发展道路的认识也更趋深入和理智，他们的理论和实践也更趋成熟和完善，他们勤于思考、勇于实践的过程，不论成败得失，都是留给中国知识分子和中国经济建设的宝贵财富。

---

① 彭南生：《中国早期工业化进程中的二元模式》，《史学月刊》2001 年第 1 期。

第三章　20世纪20—40年代“农国论”的发展演进

“以农立国”论作为一种具有普遍意义的社会经济思潮，反对都市化和工业化，憎恶现代工业社会和都市生活，向往农村自给自足的生活情趣和生产方式，主张重建正在瓦解的中国农本社会。它是我国经济长期落后，农民大量从事小生产的历史见证，同时也是针对第一次世界大战后的动乱形势，中国思想界所做出的回潮反应之一。

中国是一个农村居民占人口绝大多数的传统农业国，半殖民地半封建社会的现实，使得本来就脆弱的农村在凄风苦雨中备受煎熬。没落的封建专制政权对我国农村经济的发展已是束手无策，西方资本主义商品对我国市场的侵蚀造成自给自足的农村经济快速瓦解。在特定的历史条件下怎样才能根据中国的国情使中国农村摆脱贫穷的命运，使中国真正富强起来，这是最紧要的问题。从晚清到民国，围绕中国现代化道路的各种主张和思潮形形色色、振荡碰撞。20世纪20—40年代，中国知识界围绕以农立国还是以工立国问题展开了激烈的论战。正如罗荣渠说：“所有反对中国大革命的封建顽固派，阻止新思潮反对新文化运动的国粹派和‘甲寅派’，鼓吹复兴中国文化的以梁漱溟为代表的新旧调和派，等等，都是站在以农立国的一边……这表明我国思想文化现代化与经济现代化之问题的一种内在联系：现代新文化与中国传统旧文化之争，自然形成为工业文明支持者与农业文明支持者的天然分野。”①这场论战，

---

① 罗荣渠：《中国近百年来现代化思潮演变的反思（代序）》，罗荣渠《从“西化”到现代化——五四以来有关中国的文化趋向和发展道路论争文选》，北京大学出版社1997年版，第23页。

不仅时间跨度长，而且参加者众多。在众多参加者中，政治倾向也具极大的多样性。在中国现代化思想史上，这次论战留下了十分重要的轨迹。农国论作为这场重大论战的主要参战者，在同“工国论”的激烈交锋中理论上获得了发展和进步，对中国富强道路的实现认识上不断地趋于理性和成熟。

根据“农国论”的内容，按照时间发展顺序，笔者把 20 世纪 20—40 年代“农国论”的演进和发展分为三个阶段：第一阶段是从论战发起到 1929 年世界经济危机爆发，“农国论”的内容是“吾国当确定国是，以农立国”；第二个阶段是从 20 世纪 30 年代初到 1937 年抗日战争爆发以后不久，“农国论”的内容表现为是在普遍承认工业化的前提下，主张先复兴农村经济来引发都市工业，乃至实现中国的工业化；第三个阶段是从 20 世纪 40 年代初到中华人民共和国建立前夕，“农国论”的内容表现为“工”“农”两者的有机结合，即“以农立国，以工建国”。由内容的变化可以看出，这三个阶段“农国论”是在不停发展演进的。如果说 20 世纪 20 年代的“农国论”还在思考要不要工业化，“那么三四十年代学者们讨论的则是应该怎样工业化”①。

第一节　“吾国当确定国是，以农立国”——20 世纪 20 年代的“农国论”

20 世纪 20 年代的农国论，首开国人对中国出路问题的探讨，但中国的立国根本在于“农定国是”的决然主张引发了以农立国派和以工立国派之争，从而把国人对中国出路问题的探讨从文化领域拓展到了经济领域，是中国现代化思想史上的重要一页。如果说资本主义世界经济体系的形成和扩张是以工立国派的立论基础的话，那么文化冲突则是以农立国派的思想根源。

---

① 周积明、郭莹等：《振荡与冲突——中国早期现代化进程中的思潮和社会》，商务印书馆 2003 年版，第 350 页。

一 20世纪20年代之中国

中国是一个农村居民占人口绝大多数的传统农业大国，在中国特定的历史条件即半殖民地半封建社会的现实中去探索中国从农业国转化为工业国的具体道路，这就是我们常谈的中国工业化的道路问题。从自强运动以来，练兵以制器为先，洋务以开矿建厂修铁路为先，康有为呼吁将中国“定为工国”，这些都反映了发展民族工业的思想。辛亥革命后，孙中山提出实业计划，指出：“此后中国存亡之关键，则在此实业发展之一事也。”“五四运动”对科学与民主的宣传和部分知识分子的不断鼓吹，从19世纪末到20世纪初，中国的工业化思想经历了一个从无到有、由潜转显的过程。特别是第一次世界大战的爆发，帝国主义国家暂时放松了对中国经济的掠夺和压抑，使中国的民族资本主义经济获得了一个黄金发展时期。“与（第一次世界）大战前相比，这一时期的民族工业尤其是轻工业，发展速度明显加快。据统计，1903—1906年，平均每年注册的厂矿为21.1家，1913—1915年增至41.3家，1916—1918年最高达124.6家；1920年同1913年比较，厂矿数从698家增至1759家，资本额从33082.4万元增加到50062万元，分别增长了152%和51.3%。这种速度在中国近代资本主义发展史上可谓空前绝后。”① 由此可见20世纪20年代的中国，工业化思想成为中国经济思想发展的主流，传统的农业经济思想遭到摒弃和冷落。

民族工业的较快发展不仅形成了与内地农村经济凋敝的鲜明反差，而且不可避免地影响到传统经济的产业结构，并连带地触发社会文化观念的变动。西方资本主义国家的社会弊端则从反面迫使中国的知识层思考摒弃农业的利害得失。然而西方世界第一次世界大战的爆发，不仅吞噬了无数生命，破坏了大量的物质财富，也砸碎了战后余生的人们对工业化文明的景仰和向往。战后西方思想界开始了对工业化弊端的反思；中国的一部分知识分子也扬起东方文化的旗帜，企图

① 刘克祥、陈争平：《中国近代经济史简编》，浙江人民出版社1999年版，第394—395页。

重拾农业文明的辉煌。

由此可见，20世纪20年代的中国，农业大国的基本国情，农村长期不兴的现状与第一次世界大战后西方及中国的反工业化思潮，促成了20世纪20年代“农国论”的产生。而洋务运动以来的工业化思潮与第一次世界大战后西方及中国的反工业化思潮相互对立、相互激荡，推动了“以农立国”派与“以工立国”派的论战。论战中双方阵线比较明朗。一方是以章士钊、董时进为代表的以农立国派，主张放弃工业化道路，从农业里面求发展；另一方是以杨明斋、恽代英、孙倬章为代表的以工立国派，主张坚定地走工业化道路。

二　20世纪20年代“农国论”的主要内容

时任北洋政府教育总长、有“言论界泰斗”之称的章士钊先生，于1923年8月12日在上海的《新闻界》发表《业治与农》（告中华农学会）一文，在对比中国与西欧各国国情的不同，痛陈欧洲各国，工商发达，“本毒未除”，导致战祸惨烈的弊端之余，明确提出“吾国当确定国是，以农立国，文化治制，一切使基于农”，提倡农业复兴①，表达了对工业弊端的深深鄙视和对中国古代农业文明的浓浓怀念。

一石激起千层浪，响应者不乏其人，反对派也应声而出。赴美留学归国的农学家董时进支持章士钊的主张。认为“农业国之社会，安定太平”，其乐融融。“农业国可以不需工业国而独立，工业国不能离农业国而存在，前者实不啻后者之寄生物。”中国若行工业化，极易为列强所趁，攫我原料，役我人才，“其为害最大，未可漠视”。所以“中国不宜工业化”。② 支持章士钊，主张“以农立国”的文章有：董时进《论中国不宜工业化》、龚张斧《农化蠡测》，以及章士钊本人陆续发表的《农国辨》和《何故农村立国》等。③

① 章士钊：《业治与农（告中华农学会）》，上海《新闻报》1923年8月。

② 董时进：《论中国不宜工业化》，上海《申报》1923年10月25日。

③ 上述争论文章详见罗荣渠主编《从“西化”到现代化——五四以来有关中国的文化趋向和发展道路论争文选》，北京大学出版社1997年版，第669—722页。

在章士钊看来，正是由于西方工盛农坏，才导致第一次世界大战的爆发。既然西人的工商之路已走至绝境，中国作为追随者当迷途知返。如章士钊在《业治与农》一文中宣称，如今西方虽欲返诸农业，事实莫许。“当世之工业国所贻于人们之苦痛何若，昭哉可观，彼正航于断港绝潢而不得出，吾扬帆以穷追之，毋乃与于不智之甚。”中国现在所出现的重大问题，都是因为学习西方工业国，受其毒所致。“今吾之号为创巨痛深，亟须克治者，乃吾未成为工业国而先受其毒之故。”“今之社会方病大肿，又灼知病源为工业传染之细菌，以工济之，何啻以水济水，焉有效能。”解救办法，唯有返诸农业。① 章士钊在1927年发表的《何故农村立国》一文，继续宣称：“工者，农之对也。凡物之相胜也。每于其对焉求之。今工业既蔽。代工而兴者，惟农其可。”②

此外，从国风民俗和社会教化来看，农国有着工国无法赶超的优势。农国“欲寡而事节，财足而不争”，人们安贫乐道，生活悠然自得。工业国则与之相反。农国“讲节欲，勉无为”，“说礼义，重名分”，“重家人父子”，“以科试取人”，以及“尚俭恶讼等诸般好处”；而工国纵欲尚奢，“欲多而事繁，明争以足财”，所以“凡在工国，无一能安，患祸奚出，不复可料”。③ 从道德风俗方面立论一向是中国人的强项。章士钊的此番言论得到了保守主义者的群起呼应。龚张斧甚至套用几十年前的老话，高呼：“窃以为立国之道不在物质文明，而在风俗之淳厚；不在都市之华美，而在乡村之逸安。”④ 这几乎等同于60年前倭仁等人反对洋务运动，“立国之道，尚礼仪不尚权谋，根本之图在人心不在技艺”的陈词滥调。⑤ 龚张斧甚至认为，如今人心浇薄、风俗颓败，如果不提倡农业，使之返朴归淳，“国性

① 章士钊:《业治与农（告中华农学会）》，上海《新闻报》1923年8月。

② 章士钊:《何故农村立国》,《甲寅周刊》第1卷第37号。

③ 章士钊:《农国辨》，上海《新闻报》1923年11月3日。后重刊于《甲寅周刊》第1卷第26号。

④ 龚张斧:《农化蠡测》，原载《甲寅周刊》第1卷第19号。

⑤ 中国史学会:《洋务运动》（二），上海人民出版社1961年版，第30页。

必将澌灭以尽，而国亦将不国矣”。[1] 董时进也认为：“农业国之人民，质直而好义，喜和平而不可侮。其生活单纯而不干枯，俭朴而饶有兴趣。”[2]

如果说以农立国派中章士钊等人的理论表达的是除了对中国悠久的农业文明原教旨式的空洞情感之外，并没有多少真正站得住脚的论据，论调略显得很苍白的话，那么董时进则是一个特例。董时进则主要是从经济学的角度使以农立国的必要性得到了理论上的论证。如在《论中国不宜工业化》一文中他从两方面对此作了分析：

第一，全球经济资源有限，农业作为第一产业拥有比工业优越的发展前景，因此中国应该走农业国的道路。在他看来：“工业国取农业国之原料，加以人工，还售原主，于中取利。购入食品，尚得盈余。然观农业国可以不需工业国而独立，工业国不能离农业国而存在，前者实不啻后者之寄生物……今也不然，农业国之原料与食品，已不敷分配。工业国之制造力，殆足供给再一地球之货品而有余。此观于各国歇闭之工厂，失业之工人，及各工厂不能充分使用其力量之事实并列国竞争市场之激烈状况可以确信。”“随世界工业化之增进，农国之需要加大，工国之需要加少。达于一定程度以外时，农国求过于供，工国供过于求。农国过多尚于世无尤。工国过剩则病象立征。”[3]

第二，保持农业的主体地位有利于维护经济权益和社会稳定，中国若行工业化，必遭外人染指，这是“以农立国”的又一论据。董时进指出：“中国若行工业化尚有一大危险焉。外人之染指是也。农业之性质，不许人有攫取大利之机会。故外人最热衷于中国之工业化……故中国今日欲工业化，必不能免外资之纠葛其为害最大，未可漠视。”“农业之优点，在能使其经营者为独立稳定之生活。其弱点在不易致大富。然可以补贫富悬殊之弊。此短正其所长。农业国之人民，质直而好义，喜和平而不可侮。其生活单纯而不干枯，俭朴而饶

① 龚张斧：《农化蠡测》，《甲寅周刊》第 1 卷第 19 号。
② 董时进：《论中国不宜工业化》，上海《申报》1923 年 10 月 25 日。
③ 同上。

生趣。农业国之社会，安定太平，鲜受经济变迁之影响。无所谓失业，亦无所谓罢工。”① 他还以丹麦为例，说明在现代世界中，农业立国是能够强国富民的。

董时进曾留学美国，具备现代农业经济学理论素养，他在 20 世纪 30 年代初写成《农业经济学》一书，以世界各国的农业发展为参照，对农业在中国社会经济中的地位和发展进行了系统阐述。因此，他对以农立国主张的赞同，绝不是简单地在发思古之幽情。

董时进的文章不仅拓宽了考察农业经济重要性的视野，而且开启了人们认识农业和工业互相关系的新思路，如龚张斧在《农化蠡测》一文中指出：“农业发达，除衣食日用之品足以自给外，且可提携工业。（供给廉价原料）而发达之。此时已有农业为其后援，则根基已固，可以尽得工业之益而无其害，如今之美国是也。”这是 20 世纪 20 年代的立国之争中首次出现的农工两业互相促进的见解。②

三　针对“农国论”的批判

针对以农立国的论调，留学法国的孙倬章于 1923 年 9 月在《东方杂志》发表《农业与中国》一文，引用西方进化论的观点，尖锐批评章士钊的“以农立国”论是“反抗进化潮流的主张”，“以理论严之，则为不应有，以事实推之，则为不可能”，实乃“南辕北辙，背道而驰”。③ 此外，比较有影响的批驳以农立国的文章还有：杨铨《中国能长为农国乎》、恽代英《中国可以不工业化乎》、杨明斋《评〈农国辨〉》等。

“工国论”的观点则有以下几点：

第一，中国的工业化乃是环境所迫、大势所趋，非如此不足以救中国。杨明斋批判章士钊：“中国可以长为农国这话完全是‘秀才不出门遍知天下事’的自是观念。他以自是为判断一切事物之理，并不

① 董时进：《论中国不宜工业化》，上海《申报》1923 年 10 月 25 日。
② 龚张斧：《农化蠡测》，原载《甲寅周刊》第 1 卷第 19 号。
③ 孙倬章：《农业与中国》，《东方杂志》第 20 卷第 17 号。

去理会环境是否容纳中国长为农国。”[①] 恽代英也指出：中西既相交通“人有进步的机器、伟大的工厂，其所碾磨纺织者，成品低，成品良，非我所能与之争竞，而衣食之所需，乃转而大宗须仰给于外国”。[②] 造成大量入超。这样下去不工业化何以自持？杨铨在《中国能长为农国乎》中呼吁：工业“我不欲兴，而人将代我兴之，大势所趋，人心不古，虽有大力，孰能挽此狂澜哉？”[③] 这说明当时知识界对工业化的必要性、被迫性，已有了深刻的认识。

第二，工业化乃是顺应社会进化的潮流，理应顺之发展。孙倬章在《农业与中国》一文中指出：“农业则为保守的，少进化的，与现社会之进化潮流，当相反；工业为进化的，且速进化的，与现社会之进化潮流相适应。”“中国因以农立国，故数千年以来，毫无进化之成绩；今欲与彼进化之工业国，并驾齐驱，以谋生存，而仍欲偏重农业，宁非南辕北辙，背道而驰乎？”[④]

第三，中国当前的文化失范是社会转型的必然现象，解决的办法是急进于工，而非返求诸农。杨明斋在批驳章士钊的《农国辨》时指出：“在农业进入工业之际，一国的政治法律、社会的道德、人格风俗习惯都是因之而变动，呈现一种坏现象，这是一种自然。补救的办法，唯有急进入工。”[⑤] 认识到社会转型期必然会出现文化失范现象，是中国知识界一个很大的进步。

四　20世纪20年代“农国论”的意义

“以农立国”的主张虽然一开始就遭到了激烈的反对，但是由于中国以农立国久矣，再加上“农国派”的竭力鼓吹和宣扬，坚持、坚信“以农立国”主张的还大有人在。以工立国派认识到工业化乃是环境所迫、大势所趋。无论情愿与否，要自立于现代世界之林，就

---

① 杨明斋：《评〈农国辨〉》，《评中西文化观》，北京印刷局1924年版。
② 戴英：《中国可以不工业化乎》，上海《申报》1923年10月30日。
③ 杨铨：《中国能长为农国乎》，上海《申报》1923年10月28日。
④ 孙倬章：《农业与中国》，《东方杂志》第20卷第17号。
⑤ 杨明斋：《评〈农国辨〉》，《评中西文化观》，北京印刷局1924年版。

必须工业化，这是其比以农立国派的高明之处，这也是解决中国问题的要领。但以工立国派对如何发展工业化、实现以工立国的具体方法和步骤是什么，却没有论述，这使得他们“以工立国”的观点华而不实，大打折扣。所以在“以农立国”派的陈腐论调面前，“以工立国”派并没有很明显的优势，两者似乎是打了个平手。

正如陈宰均在《工化与农化》一文中所言：以往的立国问题讨论“大都泛言学理，未切国情”，对中国来说，农业是最重要的问题，“农民生计不解决，吾国终难望跻兴盛之域”。怎样改变中国农业的落后状况？陈宰均主张通过减少农民数量和开垦边疆荒地来扩大农民的耕地面积，提高农业的规模效益，而要做到这一点，必须依赖工业化。在他看来，只有农业的发展，“人类幸福未可全求，是故欲图利用剩余之农产，提高人民之生活，则又非工化不为功。然就他方面言之，工业原料大半仰给于农。农产未振，工必不能充量发达。皮之不存，毛将焉傅（附）”，“故吾内审国情，外观世界大势。敢决言吾国非工化无以农化，非农化无以工化。吾国宜农化，亦宜工化”。①

从表面上看，陈宰均的观点具有中庸调和的特点，实际上这却是 20 世纪 20 年代立国问题讨论的一个深化，它不同于其他论者颇有形而上色彩的思辨方式，把问题的讨论由“应该怎样做”逐步转向“可以怎样做”和“具体怎样做”。不难看出，当时中国社会经济中最重要的问题——农村和农业的发展——最初是由以农立国派提出来的，但它却没有在第一阶段的争论中得到理论上的解答。

但是由“农国论”的提出所引发的第一次关于立国问题的论战，却在中国的近现代史上享有殊誉。因为工业化在 20 世纪 20 年代已经成为经济界研究的主题，封建传统经济思想正在遭受越来越多的人的抛弃，“以工立国”即主张工业化的学者在第一阶段的争论中实际上占据上风。通过争论，以农立国派也逐渐认识到工业化乃是环境所迫、大势所趋，并非中国人在工业文明和农业文明之间作了一番对比后，认为西方人所走的路的确比老祖宗所走的路高明，主动做出的选

① 陈宰均：《工化与农化》，《甲寅周刊》第 1 卷第 29 号。

择。现实的情况是，工业化浪潮咄咄逼人。无论情愿与否，要自立于民族之林，就必须工业化。明乎此，才能抓住解决中国问题的要领。所幸的是，20世纪20年代，中国已有一批知识分子对此深有体会。无论敌对方从哪个角度提出批驳，无论他们自己从哪些方面学昭论据，工业化浪潮的不可阻挡性是他们坚决主张走工业化道路的信念基础。当然，20世纪20年代以工立国派对工业化的理解还不深透，对如何推进工业化尚无清晰的认识。

这次论战是一次关于中国经济道路的论战，更是一次在社会发展方向上选择中国社会未来走向的论战。论战中，工、农两派各列论据、相互攻讦，使原来模糊的思想清晰了，迷惑的问题明朗了。经过这次论战，无论是以农立国派还是以工立国派，都从与对方的驳难中获取了修正自己的机会。以工立国派在经受了农派诸君对工业化苦难的种种驳难之后，对工业化的思考也进一步深化了。以此为基础，工派与农派下一步的争论焦点转到“如何工业化”上了。严格来说，正是这一阶段的争论开启了中国工业化问题系统研究的序幕，在这次论战后，中国的知识分子开始全面、深入地研究工业化，中国的工业化思想逐渐步入系统发展的阶段。

第二节 “振兴农业引发工业”——20世纪30年代的“农国论”

一 20世纪30年代“农国论”的升温

20世纪30年代的中国农村社会，由于国民党政治腐败，土地兼并成风，土地分配日趋悬殊，土地兼并和地权占有的不合理，激化了农村的阶级矛盾，引起了农村社会的进一步动荡，加剧了中国农村的破产。由高额地租和名目繁多的苛捐杂税造成的沉重经济负担，把农民推向了死亡的边缘。据统计，1931—1936年，全国饿死人数达698188万人。[①] 20世纪二三十年代的中国农村天灾不断，长江水灾、

① 鲁振祥:《三十年代乡村建设运动的初步考察》,《政治学研究》1987年第4期。

黄河水灾、西北连年旱灾、南方江浙旱灾等严重的自然灾害加剧了本来就很脆弱的农村经济和农村社会的崩溃。南京国民政府数年军阀战争，使得农民的贫困雪上加霜，1930 年的中原大战，简直把北方人民拖向了灾难的深渊。1929—1933 年的世界经济危机的爆发，中国成了各帝国主义国家转嫁危机的对象。土货无法出口，洋货充斥着中国市场，中国农村经济走向崩溃的边缘。

如何挽救中国农村，如何挽救中国经济的衰败，如何救人民于水火之中，导经济于健康之路，中国知识界再次对中国经济发展道路做出思考。农村社会经济的现状表明，似乎只有拯救农村，建设农村，才能遏制中国经济衰败的趋势，以农立国的思想再次升温，并形成颇具影响力的学术派别。特别是“农国论”者的实践——乡村建设运动，更是把“农国派”以农立国的志向推向了高潮。

二　20 世纪 30 年代“农国论”的新发展

由于 20 世纪 20 年代以来我国思想界讨论过了东西文化观、东方化与西方化、打倒封建军阀与帝国主义、走资本主义道路还是走社会主义道路、振兴民族等等问题，都归结为一个总问题——中国的现代化问题。从此，所有各种错综复杂的讨论一下子变得明朗起来。所以，如果说 20 世纪 20 年代的以农立国派还停留在怎样在工业化时代看待农业的不确定认识上，那么到了 20 世纪 30 年代，他们已经更加明确地意识到要实现国家的工业化，解决好农业问题是必要的前提。抑或说 20 世纪 30 年代的“农国论”是在已经默认中国必走现代化或工业化之路才能富强这个前提下来强调农业、农村、农民的重要性。以农立国论者主张在中国农村日益凋敝的情况下，只有复兴农村，建设农业，才能消弭农村危机，挽救农业恐慌，恢复农业经济。并且只有这样，中国国民经济的更生与国民经济基础的稳定才有希望，国民经济才能积极发展与向上。这种通过振兴农业引发工业，通过复兴农村发展经济的道路，才能使中国最终实现工业化或现代化。

例如，曾留学日本的经济学教授漆琪生主张把经济建设的重心放在农业，他在《中国国民经济建设的重心安在——重工呢？重农呢？》

一文中表示：固持中国国民经济始终须以农业为本位而否定工业化重要性的主张，是违反经济发展历史法则的，但是在当时的形势下，经济建设的任务“乃是……消弭险厉的经济恐慌，以奠定国民经济之基础，准备将来积极的前进发展”。“如果我们不拘泥于机械的理论，与醉心于欧化的学说，静心深入，以探讨中国国民经济的实质，则可明悉此等问题解决的关键，在于中国农村经济问题上。”否认以农业为重心是要使中国的经济回到复古的道路，并从八个方面列举了发展农业的必要性和紧迫性：第一，“农业生产是国民最大多数的农民群众生存与生活之根本……救济农村，建设农业，则最直接而最迅速的可使贫苦农民，获得苏生之机会”；第二，“农业经济，至今尤为中国国民经济主要而中心的生产部门……所以农业经济之消长，关系着整个国民经济之隆替”；第三，“中国之农村经济，乃是工商各业凭依之所，只有在农村繁荣，农业兴盛，农民富裕的前提下，中国工商各业始有发展兴隆之可能”；第四，“农业建设，农村复兴，比较工业化容易而可能”；第五，由于经济结构和国际形势等原因，“中国农业资本主义化之前途，比较工业化，希望为多”；第六，“改良农作，可以增进中国农产品之输出贸易，调整入超的关系”；第七，“发展农村，建设农业，可以解决数千百万过剩人口的失业问题”；第八，“农村经济如不使之积极恢复，农村秩序如不使之迅速安定，则一切经济建设固然是都谈不到，而且政治设施，社会安定，皆将成为重大的问题”。[①] 姚溥荪也提出相似的见解，他说：“我们极力反对开倒车，同时我们亦须顾虑到环境”，“中国终究是有走上工业化这条道路的必要”，但在当时条件下，复兴农村“似为治本之要图”，它“可以提高农村的购买力，帮助工业化”。[②]

并且对于当时的中国社会，以农立国论者认为中国农村经济的极度衰退是导致中国经济危机的主要症结之所在。因此，要想挽救国民经济于险境，只有对症下药，走农业建设的道路。只有这样，现代化

---

① 漆琪生：《中国国民经济建设的重心安在——重工呢？重农呢？》，《东方杂志》第 32 卷第 10 号。

② 姚溥荪：《不复兴农村中国也可以工业化吗？》，《独立评论》第 137 号。

道路才适合中国的国情。梁漱溟的观点可作为这一派的代表。

梁漱溟认为乡村建设运动是中国经济建设的必然路向：政治方面，中国没有一个近代工商业所赖以发展的政治环境，缺少一个像日本那样强有力的国家权力，所以中国不能像日本那样走近代资本主义的道路；经济方面，“中国农业有基础，而工业没有。……农业生产所需要的是土地，这在我们是现成的；而工业生产所需要的条件是资本，是指机器一切设备，适我所缺。……”① 且“中国根干在乡村，乡村起来，都市自然繁荣。可是如走近代都市文明资本主义营利的路，片面地发达工商业，农业定规要被摧残”。因此，“救济乡村，即救济都市，如往都市去，不但于乡村无好处，于都市亦无好处”。② 发展经济，只能走先发展农业，以农业促发工业的道路。也就是说，只能走乡村建设的路，而不能先走工业化道路。

梁漱溟还认为，中国的文化是乡村文化，中国文化的发展高度应以乡村为主体为根据。目前中国的问题并不是别的问题，“乃是文化失调——极严重的文化失调”。③ 所以，中国的出路只有重建一新的社会组织构造，以挽救这种文化失调。但近代的工业文明，“内而形成阶级斗争，社会惨剧。外而酿发国际大战，实为一种病态文明”。④ 不应为我国所取。因此，梁氏主张中国的出路只能以农村为主体来繁荣都市，开辟世界未开辟的文明路线。

对于怎样完成中国乡村的改造、实现中国农村的复兴，乡村建设者们则是有备而来，给出了丰富、完备的乡建理论。把“农国论”和乡村建设运动紧密联系在一起，可以说是20世纪30年代“农国论”的又一显著特点。如梁漱溟的“文化复兴——乡村学校化”理论，晏阳初的“平民教育——乡村科学化”理论、卢作孚的“实业民生——乡村现代化”理论等都是当时著名的乡建理论。

---

① 梁漱溟：《乡村建设理论》，《乡村建设》第5卷第1期，1935年8月16日。

② 梁漱溟：《往都市去还是到乡村来？——中国工业化问题》，《乡村建设》第4卷第28期，1935年6月10日。

③ 梁漱溟：《乡村建设理论》，《乡村建设》第5卷第2期，1935年8月30日。

④ 梁漱溟：《乡村建设理论》，《乡村建设》第5卷第1期，1935年8月16日。

缘于“农国论”者对中国问题的不同认识和从事乡村建设的初始动机上，乡村建设各派总的可分为两类：一类基于改造中国政治的愿望从事乡村建设，一类则怀着改造中国教育的抱负走向乡村。前者主要指当时以梁漱溟为代表的乡村建设派，后者则包括了平民教育派、乡村生活改造派以及中华职业教育社、江苏省立教育学院等以教育团体介入乡村建设的派别。虽然他们都坚信乡村建设在解决中国问题上的重要意义，但其指导乡建运动的理论却是各具特色。

如梁漱溟潜心于中国文化问题的研究，得出近代中国问题实为文化转型问题这一独特结论，因而其乡村建设理论处处以中国文化为出发点，认为乡村建设的目的是建立一新的社会组织构造，塑造以中国传统伦理为本位的新礼俗、新制度。乡村建设的具体目标是建立乡农学校组织之基。同时，乡农学校或乡学、村学的建设，应以伦理为核心，并师法中国传统的“乡约”，加以补充改造。乡农学校或乡学、村学集全体乡民于一体，重视伦理道德的培养，为此开设精神陶炼课程，注重以传统道德启发乡民的自觉意识。乡民学习各种旨在发展乡村经济、提高农业生产的技能和知识，以使新的乡村组织符合现代社会的要求。一个比较明显的特征是：梁漱溟尽力使用着一些传统的文化术语以解释其乡村建设思想。这使他的理论在当时独树一帜，因具有明显的儒家气息而备受中外人士关注。①

晏阳初的平民教育派重视“人”的问题，并在定县实践中，认识到愚、贫、弱、私是当时中国人的四个基本问题。必须解决这四大问题，从而塑造出具备知识力、生产力、强健力和团结力的“四力”新人，完成“整个的人”的再造。为此需要施行以文艺、生产、卫生、公民为内容的四大教育，并借学校式、社会式、家庭式三大教育方式来实现，“四大教育”“三大方式”需连锁进行，协调推展，以收民族之功。施行过程还需以严密科学的社会调查部分，并制订周密完整的计划加以推行。由于构筑平民教育派理论者均从国内外高等院校毕业，且有相当部分自海外留学归来，因而平民教育派更注重探究

① ［美］艾恺：《最后的儒家》，江苏人民出版社 1996 年版，第 247 页。

乡村工作的计划、方法和步骤，以求切实推行，其理论也因此较其他派别更具科学的精神和现代学术气息。另外，由于晏阳初积极致力于国际宣传，同时也由于平民教育派的愚贫弱私论具有世界普遍意义，因而其理论不仅在当时广为海外所知，此后还进一步传播到其他第三世界国家（如菲律宾等），成为这些国家改造乡村的借鉴。平民教育派的理论因之具备了国际化的潜质。[①] 这一点，是乡村建设其他派别所无法做到的。

乡村生活改造派以陶行知的“生活教育”思想为理论依据，在乡村实践中提出了“生活即教育”“社会即学校”的基本主张。他们以全部生活为教育内容，以改造乡村生活为教育目的，以此培养具有生活力的乡村教师，并通过乡村教师培养具有生活力的现代农民，由此完成改造教育的全过程，同时也在此过程中，完成乡村生活的全面改造。这个过程还需要采用“教学做合一”的教育方法，以打破课内、课外的界线，把学校办到社会里，使学校成为乡学、村学，使之成为新的乡村组织，以立社会新改造乡村社会的中心，从而发挥教育的社会功用，实现教育的目的。乡村生活改造派以其独特的教育理论构想乡村生活改造和乡村建设的整个路径，使教育与社会建设实现了良性循环。一方面，教育必须与社会改造结合以成为“活教育”，社会改造是实现“活”教育的唯一途径；另一方面，社会改造需要教育的力量来推动，好的教育、“活”的教育应该成为改造社会、民族复兴的重要手段，只有这样，中国始能实现生活改造、教育革新的双重目标，最终达到国家民族的复兴。陶氏虽以教育改造立论，但其以生活教育介入乡村生活各个层面的思路在当时是一种独创，他使单纯的教育理论走上了社会改造事业的大舞台。由于陶行知“遇事能独出心裁”，“手到之处便见光彩”，晓庄的各项事业因而“无处不具有一段新意趣，新作风”[②]，“晓庄模式”由此开出了民国教育界一派新风。

20 世纪二三十年代，卢作孚在重庆北碚进行的乡村建设运动，

---

① 宋恩荣：《晏阳初文集》，科学教育出版社 1989 年版，第 300 页。

② 梁漱溟：《梁漱溟全集》（第五卷），山东人民出版社 1992 年版，第 632 页。

是民国时期中国众多乡村建设实验中极少数获得巨大成就的一个。卢作孚推行的乡村建设，与晏阳初、梁漱溟、陶行知等人最大的不同点，就是卢作孚不像他们那样，把乡村建设的重点放在教育或者政治上，而是把经济建设放在各项建设的首位，这就是卢作孚的“乡村现代化”思想。卢作孚的“乡村现代化”思想也不是一开始就有的，它有一个转变的过程。卢作孚在推行乡村建设之初，即1930年1月所写《乡村建设》一文中，也强调“乡村第一重要的建设事业是教育”①，然而当他通过乡村建设实践之后，则思想有了很大改变，第一次提出了“乡村现代化”的主张。他强调自己在嘉陵江三峡地区推行乡村建设运动的“目的不只是乡村教育方面，如何去改善或推进这乡村的教育事业”；因为“‘中华民国’根本的要求是赶快将这一个国家现代化起来。所以我们的要求是要赶快将这一个乡村现代化起来”，以供中国“小至乡村，大至国家的经营的参考”。② 可以说，“乡村现代化”才是他推行乡村建设运动的根本目的。如何实现“乡村现代化”？卢作孚采取了以经济建设为中心，以交通建设为先行，以乡村城市化为带动，以文化教育为重点的“现代化”建设模式，从而获得了与众不同的重大成就。1944年，即在他设计“将来的三峡”蓝图十年后，他不无自豪地说：“从这小小地方的经营，可以证明：可爱的中国是可以建设起来的，是能够建设起来的，使别的国家也认识中国，必决有希望，必决有前途。”③ 他的以经济建设为中心，以交通建设为先行，以乡村城市化为带动，以文化教育为重点的“乡村现代化”建设模式，使北碚能在一个极短的时间里，从一个穷僻山乡建设成为被誉为“中国现代化缩影”的美丽城市，也使得卢作孚主持的以重庆北碚为中心的嘉陵江三峡地区的乡村建设避开抗日战争的干扰一直持续到1949年，并取得了中外瞩目的成就。但遗憾的是，当时的知识分子都很少关注北碚的乡村建设，甚至就没有把它视为乡建运动的一部分。对它的寥寥评价，也多是来自有官方背景的知名人

---

① 凌耀伦、熊甫：《卢作孚文集》，北京大学出版社1999年版，第89页。
② 同上书，第385页。
③ 卢作孚：《北碚祖饯席上》，《嘉陵江日报》1944年10月12日。

士的赞誉，其中的原因我想除了北碚乡村试验地域偏僻外，卢作孚的官方身份也是重要因素。

与前面的派别不同，职业教育社与江苏省立教育学院等的乡村改进思想并非新造，实系从民国以来职业教育思想与民众教育思想发展而来，其在乡村从事的事业与取得的成绩在更多时候则被视为两种教育理论的延续。职业教育社向以提倡职业再造教育相号召，其后鉴于“乡村教育占职业教育绝大部分，而乡村之改善，实为乡村教育之目的，因此扩大教育运动，从事乡村改进事宜”[1]，黄炎培为此提出“大职业教育主义”主张，江恒源也有“教富政合一”的思想，均旨在促成职业教育的社会化，为建设中国式的职业教育寻求出路。因此兴办乡村改进事业而介入乡村建设领域，也是为了从教育出发，以达到改进农村，从而复兴民族的目的。就理论的新意与系统性而言，职业教育社在乡村建设中并没有提出更为新鲜独到的见解，因此其思想深度不及当时乡村建设派、平民教育派以及乡村生活改造派。江苏省立教育学院注重发展民众教育，而为之训练人才。高阳、俞庆棠等根据民众教育的特点，注重使教育与一般大众的生存相适应，希望民众教育在大众的经济生活中发挥作用，由此深入农村，努力在施行民众教育的区域内增加生产能力，训练民众组织，改进民众生活。试图“以民众教育的理论与实际，造成有力量，主正义的社会运动”[2]，推动国家建设走上正轨。其乡村建设主张以民众教育为立论依据，与前述各派又有不同。

三　20世纪30年代“农国论”的社会回应

“农国论”的这种主张中国的经济建设应采取发展农业的路向的观点，首先遭到了“工国派”的批判。“工国论”者认为，工业化是中国经济发展的必然趋势，同时也是中国实现救亡图存的迫切需要。而复兴农村，建设农村，违反经济发展原则，是反常的复古运动。这

① 黄炎培：《黄炎培教育文选》，上海教育出版社1985年版，第155页。
② 茅仲英、唐孝纯：《俞庆棠教育论著选》，人民教育出版社1992年版，第302页。

样做的后果是使中国不能像欧美列强那样通过发展工业而富强。且对中国国民经济的改善与增进是莫大的障碍。因此他们认为建设农村是愚蠢之策、徒劳之举。农村建设，只有在工业化之后才有可能。

吴景超在 1934 年发表的《发展都市以救济乡村》一文中批评梁氏的“由农业引发工业”的经济建设道路既不能挽救中国农村之破产，也不能繁荣中国之都市，在中国只能走“发展都市以救济农村的道路”。[①] 紧接着，吴景超在《我们没有歧路》一文中引证了大量的数据来说明以农立国是使人贫穷、愚笨和短命的路，以工立国是使人富有、聪明和长寿的路，并指责梁氏的乡村建设理论是“经济上的复古论”，其乡村建设运动是“复古运动”。并表示以工立国论者“对于一切的复古运动，都不能表示同情，对于这种经济上的复古论，尤其反对”。“生存在今日的世界中，我们只有努力走上工业的路，才可以图存。”[②]

贺岳僧在《解决中国经济问题应走的路》一文中认为，中国农村落后、经济落后的根本原因，不是由于从事农业生产的人数太少，而是技术笨拙，方法不良。既然如此，就得开发工业。[③]

陈序经在《乡村建设理论的检讨》一文中侧重于对梁氏的乡村建设理论进行批判。他认为：“乡村建设运动，在名词上虽是很新颖，在理论却有了多少复古的倾向。”[④] 并从理论上批判了梁漱溟在发展工业与发展农业、发展都市与发展乡村等问题上的观点，他断言中国只能追踪西方工业化的道路。另外，陈序经又认为，“现代西洋文化的特征既是都市的产物，现代西洋文明的高峰或梁先生所谓的文化高度也是要在都市里找出来。西洋固是如此，中国也是如此。”所以，中国新文化的创造，“与其说是依赖于乡村，不如说是依赖于都市”。[⑤] 因此，他主张要把中国的乡村西化起来，使其能调和于西洋

① 吴景超：《发展都市以救济农村》，《独立评论》第 118 号，1934 年 9 月 16 日。
② 吴景超：《我们没有歧路》，《独立评论》第 125 号，1934 年 11 月 4 日。
③ 贺景僧：《解决中国经济问题应走的路》，《独立评论》第 131 号，1934 年 12 月 16 日。
④ 陈序经：《乡村建设理论的检讨》，《独立评论》第 199 号，1936 年 5 月 3 日。
⑤ 陈序经：《乡村文化与都市文化》，《独立评论》第 126 号，1934 年 11 月 11 日。

或西化的都市而成为一种彻底与全盘西化的文化。

乍一看，“农国论”被“工国论”批了个体无完肤，而实际上“农国论”提出的复兴农村也就是发展新型的农业经济，可谓在客观上不失为一种新的理论认识，它廓清了农业、工业、现代化之间的联系和思路，即把农业的现代化也包括进广义的工业化范畴。

如郑林庄在《我们可走第三条路》一文中提出：“在中国今日所处的局面下，我们不易立刻从一个相传了几千年的农业经济阶段跳入一崭新的工业经济的阶段里去。我们只能从这个落伍的农业社会逐步地步入，而不能一步地跨入那个进步社会里去。在由农业社会进于工业社会的期间，应该有个过渡的时期来做引渡的工作。换言之，我认为我们所企望的那个工业经济，应该由现有的这个农业经济蜕化出来，而不能另自产生。因此，我们现在所因急图者……是怎样在农村里面办起工业来，以作都市工业发生的基础。”① 吴觉农也谈道：“中国的农业应该近代化，换言之，就是工业化，科学化，组织化，集团化。”② 王子建在《农业与工业》一文中写道：“我们认为这‘工业化’三字应该用来做广义的解释：不但要建设工业化的都市，同时还要建设工业化的农村——也就是农业的工业化。如此，都市发达，农村人口减少；但因为农村工业化的关系，田地非特不致荒废而且生产可望增加这才是工业化的真意义。”③ 吴知在《中国国民经济的出路》一文中说：工业化是中国国民经济建设的必然选择，“再进一步言，非特制造业要尽量工业化，就是农业也要尽量工业化。农业乃食粮及工业原料品生产事业的一种，近来已由自给自足而变为企业化。故中国为维持发展农业及求得丰富而价廉的食粮和原料品起见，农业也非依工业的组织和方法充分利用科学和机器的力量而工业化不可”。④

尽管提出上述见解的并不是以农立国派，而是当时的第三种道路派和以工立国派，但这些观点的产生显然与以农立国派对农业经济意

---

① 郑林庄：《我们可走第三条路》，《独立评论》第137号。

② 吴觉农：《中国农业的现代化》，《申报月刊》第2卷第7号。

③ 王子建：《农业与工业》，天津《益世报》1934年12月8日。

④ 吴知：《中国国民经济的出路》，天津《大公报》1936年7月15日。

义的分析和强调有着内在的相关性。

四　20 世纪 30 年代“农国论”评议

20 世纪 30 年代的“农国论”是对中国经济发展道路的再次思考，它并不是简简单单对 20 世纪 20 年代的“农国论”的自然续接，而是在明白了工业化的必然性和紧迫性后，就“如何着手促进工业化”的问题所做的一次大胆探索。以农立国派主张复兴农村，振兴农业以引发工业的现代化路向遭到了以工立国派的批判，并引燃了影响广泛的论战，但“20 世纪 30 年代论战参加者甚多，加上论战各方出发点不尽相同——有的是着意于如何促进中国工业化，有的更关注如何挽救目下的经济危机，有的从农村着眼，有的从都市出发——所以两者并没有形成 20 年代那种针对一个问题两派对垒的鲜明格局”。[①]并且“30 年代论战尽管派别众多，但大家已承认一个共同的前提，即中国不可避免地要工业化。可以说，所有各派都是在这样一个认识前提下展开讨论的”[②]，所以社会各界不仅基本上统一了对必走中国现代化道路的认识，也就是它的最大意义所在。

再者，社会各界都看到了农民、农业问题在我国国民经济发展乃至整个民族发展中的重要作用，认识到中国社会是一个以农民为主体的社会，农业的兴盛、农民的温饱事关国家经济运行甚至社会治乱。从全局发展的理念来认识、筹划中国农村的发展，以及中国农村与现代化事业的关系，这不能不说是“农国”论者的一大进步；作为一场纯粹的学术争论，这场论战充分体现了近代以来中国知识分子关注国家前途的传统美德。

20 世纪 30 年代是中国的多事之秋，内外交困的社会状况给这次关于中国立国问题的论战赋予了救亡图存的现实意义。为挽救中华民族的危亡，中国思想界展开了此次论战，旨在为中华民族的振兴献计献策，使中华民族走上一条适合自己国情的现代化道路。因此，我们

---

① 周积明、郭莹等：《振荡与冲突——中国早期现代化进程中的思潮和社会》，商务印书馆 2003 年版，第 358 页。

② 同上书，第 359 页。

不管各派的观点正确与否，他们的主观动机是一致的。那就是救亡图存，关注中华民族的前途。他们这种关心国家民族前途的精神是应该予以肯定的，正如以工立国派的代表人物吴景超所言：“我们的看法虽然不同，但是我们对于中国大众生活的关心，以及对于中国经济的重视，大家都是一样的。”[1] 特别是从事乡村建设运动的人们肯深入到乡间去，把理论与实践结合起来，并为改善农民大众的贫困生活做了许多力所能及的事情。对这种关心民生疾苦的精神以及他们所做的努力，我们理应表示深深的敬仰，它代表了我国知识分子的一种新觉悟，尽管他们的理论因种种原因最后宣告破产。

20世纪30年代的“农国论”绘制了一幅农村复兴的理想的现代社会蓝图，提出了一套如何建设现代化国家的方案。我们暂且不论这些有关中国现代化的理论正确与否，是否符合中国的国情，但它对于仍在探索现代化道路的中国，无疑是一份宝贵的遗产，值得我们认真研究。而且各派提出的许多论点，对今天的中国仍富有教益。众所周知，我国目前的农村现代化缺乏一个系统的长远的全盘规划和设想，这是中国现代化道路上亟待解决的一个重大问题。而梁漱溟的乡建理论，对于如何建设现代化的新农村，如何把农业的中国尽快地建成现代化的中国，有许多精辟的论述。对这些东西进行系统的总结，对于我国农村如何实现现代化，无疑具有现实的借鉴意义。

但是我们也应看到，20世纪30年代的“农国论”者还未能真正正确认识发展农业与发展工业之间的关系，不排除简单地把发展农业与发展工业对立起来的倾向。实际上，发展农业与发展工业对一个国家的经济发展来说具有同等重要的作用，二者是并行不悖的。不管是先农后工，还是先工后农的主张，都不符合世情和国情，都不利于中国的发展。正是由于“农国论”者对发展农业与发展工业之间的内在必然联系缺乏应有的了解和把握，使农业立国论与工业立国论或其他派别的争论变成了一场远离真理的争吵，几方各执一端，固执己见，各为自己摇旗呐喊而到最后谁也未能令对方折服。

---

① 吴景超：《再论发展都市以救济农村》，《独立评论》第199号，1935年1月20日。

“农国论”者未能正确认识中国社会，认识不到导致中国落后、经济破产的主要原因是帝国主义和封建主义的双重压迫，甚至否认中国的问题和帝国主义与封建主义的双重压迫有关。如梁漱溟认为，中国问题全在中国本身，虽然帝国主义的障碍不能排除，但并不是由于多了这个障碍。[①] 忽略了政治问题，使“农国论”的理论和实践陷于矛盾的境地，因为没有政治和国家治权的保护，纯的经济活动是不会成功的。以平教会为例，中国农村派的代表人物千家驹有一段精辟的论述：“平教会的工作实际包含着一个不能解决的矛盾。他们不想谈中国社会之政治的经济的根本问题，但他们想要解决的却正是这些根本问题；他们不敢正视促使中国破产的真正原因，但他们所要救济的却正是由这些原因造成的国民经济破产与农村破产。……如果我们不从这些基本问题上着眼（指帝国主义及封建残余之剥削），结果岂止实验自实验，破产自破产。”[②]

最显而易见的是，“农国论”者总喜欢在东西文化之争上大做文章，使得对中国出路问题的讨论染上了浓厚的文化色彩，并在一定程度上冲淡了对中国经济发展问题的研究和探索，甚至把中国的出路问题归结为根本是一个文化问题。再加上论战中过于强调文化因素中传统文化的思想模式的作用，使得中国知识分子思想结构进一步老化，模糊了文化因素和经济因素在现代社会发展中的轻重关系。过多地强调文化因素在现代化进程中的作用，从而低估经济因素的作用，使得“农国论”在理论上略显踉跄。

第三节　“以农立国，以工建国”——20 世纪 40 年代的“农国论”

从 20 世纪 20 年代到 40 年代，经历了国内革命战争的枪林弹雨、抗日战争的隆隆炮火和 20 世纪二三十年代的思想界各派关于中国发

---

① 梁漱溟：《乡村建设理论》，《乡村建设》第 5 卷第 2 期，1935 年 8 月 30 日。

② 千家驹：《中国的歧路——评邹平乡村建设运动兼论中国工业化问题》，天津《益世报·农村周刊》第 57 期，1936 年 4 月 6 日。

展道路探索之争的唇枪舌剑、口诛笔伐，中国知识界不禁添了几分沉稳和凝重。由于 20 世纪 30 年代和 40 年代在时间上很难做出鲜明的切割，“以农立国”被认为是“一个陈旧问题的重新提起”。有人认为一些 20 世纪 30 年代已在讨论的问题在 20 世纪 40 年代仍在继续。（如“工农并重”问题）甚至一些在 20 世纪 20 年代已有定论的问题，在 20 世纪 40 年代重又被人提起（如“以农立国”问题）。王亚南曾说：“像这样一个问题，在欧洲差不多是两百年前就提起了的。虽然在一切落后的中国，至迟，也当在李鸿章、张之洞一流人物变法图强的时候提出。在 20 世纪来做中国能不能以农立国的究问，就无乃类似今日还要研究我们女子能不能以小脚健身美观一样的不识时务。”① 事实上，这一时期的立国之争，真正的论争焦点并不在以何立国的问题，而是学者们对战后国家重建路径的又一次反思和选择。

一　“旧话重提”的新情形

20 世纪 40 年代，日本未能像他所叫嚣的那样三个月内灭亡中国，中华民族顶住了亡国的压力，并转入持久战阶段。国际上反法西斯同盟的形成，给中华民族带来了独立解放的胜利曙光，国内国共两党合作抗战的事实和全民族众志成城的抗战斗志，使中国的志士仁人看到，国人苦心追求、翘首企盼的国家独立与政权统一问题有望得到解决，中国的工业化问题可以在新的民主、自由的国家展开。第二次世界大战和中国的抗日战争也给学者们提供了在战争背景下思考工业化问题的契机。战争中的人们看到，经济富饶自给和国防力量的强大优势将对民族独立、国家富强产生巨大的促进和保护作用。怎样才能实现经济的富饶自足和国防力量的强大，关于中国发展之路的争论硝烟又起。民族独立的前景和战争的影响给 20 世纪 40 年代的工业化讨论提供了不同于二三十年代的研究问题，“农”“工”之争又被赋予新的时代内容。

1939 年 12 月 20 日《时代精神》月刊一卷五期上发表了周宪文

---

① 王亚南：《一个陈旧问题的重新提起》，周宪文《新农本主义批判》，国民出版社 1945 年版。

一篇题为《中国不能以农立国——漫谈农本》的文章，表达了“要把中国从根救起来，须向工业迎头赶上去”的主张，挑起了“农国”派重申以农立国论的欲望。

于是 1940 年 1 月 7 日，杨开道在重庆《新蜀报》发表《中国以何立国》，针锋相对地指出：“过去的中国是以农立国，现在的中国仍然是以农立国，将来的中国还是要以农立国。”① 由此拉开了 20 世纪 40 年代“农国论”的帷幕。农业立国派以杨开道为代表，主要以《新蜀报》为阵地，主张复兴农村，振兴农业，中国的建设和发展必须立足农业。

农业立国派则主张立国取决于历史的传统和国家的经济基础，中国的历史传统决定了中国必须以农业立国，中国现实的经济条件决定了中国不能工业立国。杨开道说：“中国民族的主干自然是汉族，汉族便是世界上最伟大的农业民族，最优秀的农业民族”，“不但造成一个农业技术精美、农业经济发达的农业国家，而且造成了以农业为重心的中国社会制度”。“现在的中国，虽然经过数十年的变法维新，而工商业基础仍然未能完备，更谈不到以工立国，以商立国”，“除了上海、天津、青岛、汉口、广州等地有少数较大工厂以外，其他地方的工业简直很幼稚，就是这些大都市的工厂，只有纺纱工业比较发达一点，其他工业还只有一点萌芽。而这些地方的纺纱厂，大部分操之于外商之手，并不是我们自己的纱厂，如何能成为国家经济、国民经济的基础?”② 因此，杨开道得出结论：中国并不具备工业立国的条件，农业立国是唯一的选择。徐肅认同这一观点，在《抗战建国的农业政策》一文中他坚持认为“中国现阶段还是一个以农业生产为立国条件的国家，也就是说，中国的国民经济基础是农业”。所以“农业确是构成我们整个国民经济最基础的一环，目前的一切经济建设，自须以农业为起点”③。杨开道进一步谈道：“这一次长期抗战，沿海大都市均被敌人侵占，工商业都被敌人摧残，而我们因为以农立

① 杨开道：《中国以何立国》，周宪文《新农本主义批判》，国民出版社 1945 年版。
② 同上。
③ 参见徐肅《抗战建国的农业政策》，青年书店 1940 年版。

国的缘故，仍能用农民的人力，农业的物力，继续抗战到底，更可证明中国是一个有无限人力、无限物力的伟大农业国家。”[①] 杨开道认为中国的前途是现代农业国家，“我们所要的不是印度式的中大农业国家，也不是丹麦式的纯农业国家和澳洲式的附庸农业国家，而是一个能自足自给，能独立自主的农业国家”。在他看来，未来的中国是“一个在工业上能自给自足的农业国家，一个国防上可以独立自主的农业国家，一个以农业特产品称雄世界的农业国家”，这样的国家是在工业上可以自给自足，农业上可以称雄世界的“农业帝国”。[②] 对于实现它的途径，杨开道说，建设现代化的农业中国需要做好两件事情：“第一要建立一个切合中国国情，切合中国需要，能解决中国农业问题，能促进中国农业生产的农业科学。有了农业科学技术，农业科学设施，农业科学人才，才能慢慢演成一个科学化的、合理化的、机械化的、工业化的现代农业制度。第二要教育中国农民，组织中国农民，要他们能取得主动的地位权利。”[③] 他还坚信，“我们将来的农业，似乎可以在世界经济舞台上有特殊地位，有几样或者可以居于领袖地位……我相信这并不是一个误国的主张，一个妨碍中国工业化、中国现代化的主张，而是目前中国唯一可走的路，恐怕至少是二三十年以内可走的路”[④]。

就在“工”“农”立国派争论不可开交之时，1936 年中国年轻的社会学家费孝通用社会学的方法通过自己对长江流域的吴江进行农村生活实地考察，力图为衰落的中国农村找到医治良方。缘于自己对中国国情的认识和对中国农村的理解及调查实际，费孝通写出了《江村经济：中国的农民生活》一书（该书英文版发表于 1939 年），以小见大，在对中国一个村庄农民的“消费、生产、分配和交换”等实际生产过程的描述中来表达自己对中国农村问题的认识和看法。在《江村经济》里，费孝通认为“中国农村的基本问题，简单地说，就

① 杨开道：《中国以何立国》，周宪文《新农本主义批判》，国民出版社 1945 年版。
② 杨开道：《现代农业国家诠释》，周宪文《新农本主义批判》，国民出版社 1945 年版。
③ 杨开道：《中国以何立国》，重庆《新蜀报》1940 年 1 月 7 日。
④ 杨开道：《再论中国以何立国》，重庆《新蜀报》1940 年 2 月 25 日。

是农民收入降低到不足以维持最低生活水平所需程度。中国农村真正的问题是人民的饥饿问题”。在对云南地区进行调查后，费孝通又写出了《云南三村》一书，实实在在提出了解决中国社会的出路：农村要摆脱饥饿，除了土地之外，必须建立乡土工业（农村工业）。建立乡土工业（农村工业）的缘由是什么，1948 年发表的《乡土重建》有论述。费孝通都在不否认中国“农本大国”的事实前提下，认为中国传统经济结构并不是一种纯粹的农业经济，而是一种“农工混合的乡土经济”，即“中国从来不是个纯粹的农业国家，而一直有着相当发达的工业。可是传统的工业都并不集中在都市里，而分散在无数的乡村里，所以是乡土工业。……乡土工业在劳力利用上和农业互相配合来维持农工混合的经济”①。所以，费孝通认为“中国农村经济的结构很简单，是要工农相辅，不能只依靠农业，只依靠农业活不了。中国农村经济的基础是工农相辅……工农结合的这样一个基本结构是我讨论工业下乡的基础，也是我的认识基础”。在费孝通看来，中国社会的根本精神是一个乡土社会，而农业和手工业的密切结合，则是这种社会的一大特点，在中国历史上延续了几千年。中华民族的工业化、现代化之路，只能在这样的基础上起步。为此，费孝通在强调中国的工业化道路不能脱离中国经济的乡土特色的同时，提出了一个既长远又实际的思路，那就是因地制宜，发展乡土工业，即农村工业，这又被称为“草根工业”。这种实现农村现代化的工业模式就是现代意义上的乡镇企业，当时的社会环境不具备检验该理论是否正确的条件，但中华人民共和国成立后直至改革开放乡镇企业的蓬勃发展印证了费先生对中国现代化道路发展判断的正确性。

也源于这些认识，1948 年 8 月，费孝通在《观察》上发表了一篇题为《评晏阳初“开发民力建设乡村”》的文章，对晏阳初的乡村建设理论及实践也提出自己的反对意见。费孝通指出乡村建设派失败的地方就在于想避免社会制度的改革而达到农村复兴的目的。“过去三十年的历史说明定县路线并没有解决农村问题。在我看来，定县最

① 费孝通：《乡土重建》，上海观察社 1948 年版，第 82、84 页。

大缺点就在不从社会制度去谋改革。”[①] 费孝通认为不从土地制度入手就不能解决中国农村问题，在农民的负担中，地租是一个重要项目。在农民负担非常重的情况下，识字、生产技术、卫生等一类工作是不发生多大作用的。改变剥削性的土地制度和不民主的政治制度才是解决农村问题的两个核心。费孝通认为晏阳初把中国问题看成单纯的教育问题，乡村建设只是“避重就轻，以慈善家的救济态度来拖延农村问题的解决”。[②]“乡建工作是技术性的，当中国社会矛盾的死结解开了，他现在所提倡的四项工作，知识，生产，健康，组织，都是十分重要的。这些是开发民力所需要的技术。”所以，费孝通的结论就是晏阳初三十年来的实地工作的经验并没有“觉悟”这些技术性的工作必须有一个实施的条件，那就是没有封建传统压迫和没有外来强权欺凌的局面。费孝通的评论可以说一针见血地指出了乡村建设运动最根本的失败原因，这也是为什么20世纪那场轰轰烈烈的乡村建设运动被人们定义为改良性质的所在。中国共产党领导的土地革命胜利最终也证实了这一点，不从根本的土地制度上去改革，是不能从根本上改变农村社会状况，提高农民的生活水平的。费孝通对晏阳初的批判指出了乡村建设运动社会改良性质的局限性。

二 “农国论”引起的广泛社会思考

（一）“工国”派的批驳

杨开道文章的针对者周宪文首先代表“工国”派提出了一系列反驳：强调以何立国取决于时代的要求和现实的条件。周宪文认为：“在以人力为重要生产力的时代，则以人力为生产基础的农业自然占据着最重要的地位，这一时代的国家必以农立，毫无疑义。但是历史进步到以机械为主要生产力的时代，则以机械为生产基础的工业（机械工业）自然取得了过去农业的地位，所以在这一时代，立国以工，那也是必然的结果。”[③] 章乃器也认为战争给了我们一个严重的教训：

---

① 费孝通：《评晏阳初“开发民力建设乡村”》，《观察》第5卷第1期，1948年8月。

② 同上。

③ 周宪文：《中国不能以农立国》，周宪文《新农本主义批判》，国民出版社1945年版。

五千架飞机和一万辆坦克车的动员，使得我们不能不震惊于工业化的伟大，进而使得我们明白：“以农立国”之所谓“立”，至多只是一时站得住的意思，如果一时站得住之后不马上加紧“以工建国”，我们不但不能永久立于大地之上，甚至要负担不起抗战后期反攻的任务，所以归根结底还是“以工立国”。①

针对杨开道把中国能坚持长期抗战归功于“以农立国”，王亚南反驳道：“与其说农业生产是中国长期抗战的条件，反不如说是引起日本帝国主义侵略的一个原因。”② 从经济上把日本侵略中国的基本原因归结为中国没有实现工业化，大大提升了工业化的现实意义。杜沧白也提出相似的见解，他说：“中国之所以能够抗战及抗战之所以能支持这样久，得力于工业者实在并不少……中国工业愈发达，其战斗能力愈强，其胜利的把握也愈大实在是个不可动摇的定论。”③ 对此问题，许涤新更是一语中的：与其说以农立国是中国能坚持抗战尚未亡国的条件，“反不如说也是引起日本帝国主义侵略的一个原因”。④ 所以周宪文讥讽那些主张以农立国的“摩登农本主义者”，“确确实实是时代落伍，他们不知道时代已经进步到以农不能立国，农业国家只有殖民地的前途，无法走上独立自主的道路”。⑤

（二）农工并重的调和

在这场论争中，还存在着第三派的观点，即农工并重的观点。时任行政院经济部部长的翁文灏和著名经济学家刘大钧等均代表这一观点。

20世纪40年代前期，翁文灏发表《以农立国以工建国》一文，对以何立国提出自己的看法。他认为：在中国的经济建设问题上以农业为中心和以工业为中心这两种主张“各有其长处，分开来看，都觉

① 章乃器：《中国的工业化问题》，《大公报》1941年10月13日。

② 王亚南：《一个陈旧问题的重新提起》，周宪文《新农本主义批判》，国民出版社1945年版。

③ 杜沧白：《中国能以农立国吗》，《时代精神》第2卷第2期，转引自周宪文《新农本主义批判》，国民出版社1945年版。

④ 许涤新：《关于中国以何立国的问题》，重庆《新华日报》1940年6月4日。

⑤ 参见周宪文《新农本主义批判》，国民出版社1945年版。

太偏，合起来看，才是正道，二者是相辅相成，而不可分的”。[①] 首先，翁文灏肯定：“工业原料是发展工业的基础，出口农产品是换取外洋军火和建设器材的重要物资，都是抗战建国所不可少的。食粮对于国计民生的重要是大家都知道的……一个农业大国，在抗战建国期中，最根本最重要的凭借天然便是农业生产。唯有足食足兵，然后方能巩固国基，独立自存。只有农产品增加了，人人衣食无忧，建设的工作方能顺利推进。在这个意义上，‘以农立国’这句话可以说是十分正确的。”其次，翁文灏强调：“‘以农立国’，决不能解释为仅有农业而不顾工业，更不能解释为保守固有的生产方法和技术，使我国农业经济停滞于落后阶段；发展农业必须与工业化相配合，始有远大的前途可言。”“中国必须工业化，只有工业化才能使中国富强，使中国成为国际经济发展中的重要一员……现在还要指出一点，即工业化运动并不限于都市和工业区，而且要推进到广大的农村，使农业生产逐步机械化。”[②] 刘大钧也持有相同的主张，他认为“虽主张促进工业化，然对农业本身并不忽视。农业与其他各种产业，在工业化过程中固不免有相当变化，以适应工业之需要，或利用工业之产品，但吾人并无将各种产业，一概夷为工业附庸之意”。[③] 应竭力避免农工冲突，使二者相辅相成，相得益彰。此外，韩稼夫在解释农工并重的观点时也指出：“农产国与工业国建国重心之异同，端在农与工所占位置重要性之比较，固非绝对地提倡此方，排斥彼方，谓工国无农，农国无工。”[④]

然而，在“工国派”周宪文看来，“工农并重”理论是“根本不懂得问题的所在”。[⑤] 以何立国是“农工比重论，而非农工并重论”。[⑥] 而极力主张工业立国的吴稚晖更是斥之为“农之当重，工国亦重之，

① 参见翁文灏《中国经济建设论丛》，资源委员会秘书处1943年印行。

② 同上。

③ 参见刘大钧《工业化与中国工业建设》，商务印书馆1946年版。

④ 参见韩稼夫《工业化与中国农业建设》，商务印书馆1945年版。

⑤ 参见周宪文《新农本主义批判》，国民出版社1945年版。

⑥ 周宪文：《三论中国不能以农立国》，周宪文编《新农本主义批判》，国民出版社1945年版。

于立国问题真是风马牛”，对农工并重的立国主张予以完全否定。

由于翁文灏当时具有的官方背景，他的“农业立国，工业建国”思想在一定意义上可称得上是对长达30年的立国之争的总结，是对“农”“工”两派思想的整合。但“以农立国，以工建国”实质上使以农立国思想的合理因素在其中得到了应有的体现。并且农工并重派不是单纯地强调农业或工业的某一方面，而是认识到二者的发展都是极为重要的，只是对振兴国家的着力点持不同见解。从表面上看，以农工并重的观点谈立国建国具有中庸调和的倾向，然而这种“工业与农业二者不可有所轩轾”① 的观点反映了具有中国特色的工业化思想，在一定程度上促成人们农工关系的更深层次的思考。

三　20世纪40年代“农国论”的新变化

从以上20世纪40年代“农国论”的内容以及引起的社会反响我们可以看到，20世纪40年代的“农国论”关注的是中国可以立国的条件、中国坚持抗战得益于农业还是工业、中国的前途等十分具体的问题，并且农业立国派与工业立国派之争，仅在一些表面的问题上展开论争，并没有形成大范围的论战，便已有偃旗息鼓之势，这些都源于20世纪40年代“农国论”的新变化。

第一，20世纪40年代的农业立国派的观点已不同于传统的农本思想，随着前两次论战的深入，“以农立国”派与“以工立国”派已在“农业工业化”问题上达成了一致和共识，并且立场更趋统一。因为，“今天农本主义绝不是封建主义的反映，而是乡村中资本主义成分的思想体系，它已很少带有‘落伍’的面貌”。② 如主张“以农立国”的杨开道先生说：“我郑重声明中国应该工业化，应该机械化，就是农业也应该工业化，应该机械化。”只是“他认为中国的将来，农业是比较重要的，农业生产是我们的特长。……所以中国是农业国家，是以农立国”。而竭力主张工业化的谷春帆先生认为：“中国工业化问题与中国

① 戴星如：《战后工业化与农村经济》，《东方杂志》第41卷第9号，1944年5月15日。

② 周则民：《中国经济建设之路》，《理论与现实》第2卷第1期。

农业改革是一个问题，脱离农村即无复工业化可言。中国工业化不是平白地建立工业，是要将根深蒂固的农业尽可能无摩擦地改变为工业。”周则民认为，“这真是相互补充，相互充实，远景是完全一样的”。“两者之间虽有争论，那只是‘船头上相骂，船艄上要好’，其为争论，至多只具有技术的意义而已。”① 因此，经济学家钱俊瑞指出：“今天的‘以农立国’主义者和‘以工立国’主义者，都是站在纯粹技术的观点讨论中国的经济建设之路，其社会的意义是一样的：他们都是代表抗战期内某些新兴的工业界和农业界的利益。一个要求工业之机械化，建立一个现代工业国家，另一个则想谋农业之机械化，建设一个现代农业国家。同时如果他们两者的理想都实现了，我们相信今天的‘以工立国’主义者可以把杨先生的‘现代农业国家’称为‘现代工业国家’；而今天的‘以农立国’主义者也同样地可以把周先生等的‘工业国家’称为‘现代农业国家’。”② 农工并重的观点更是将农业与工业的发展合而为一，认为“工业农业二者实则相依相存，在国民经济中，位本同等，缺一不可”。③ 并明确提出“以农立国与以工建国同时并进，并行不悖，才是中国经济建设的真实方针”。④

第二，农业工业化问题再次成为人们关注的焦点，也使得人们对这一问题的认识向更纵深的方向进展，并由此引发了对我国战后经济建设道路的思考。对农业工业化的思考，主要集中在两个方面：一方面强调了农业工业化在中国工业化进程中的重要作用；另一方面则对农业工业化的具体实施提出具体的计划和方案。

韩稼夫在《工业化与中国农业建设》中说：“吾人深知我国经济建设应采之途径，舍工业化莫由。往日落后之农业生产方式既未能应付今后国民经济发展之需要，已无维护其现状之必要，盖吾人所主张之工业化，系作广义的解释，非独积极地发展工业生产，即农业生产

---

① 周则民：《中国经济建设之路》，《理论与现实》第2卷第1期。

② 钱俊瑞：《略论抗战中几个农村经济的问题》，《中国农村》第6卷第10期。

③ 戴星如：《战后工业化与农村经济》，《东方杂志》第41卷第9号，1944年5月15日。

④ 翁文灏：《中国工业化的轮廓》，《益世报》1947年1月20日。

之本身，亦以大规模经营及应用现代技术为鹄的，即所谓‘农业工业化’是也。”① 对于农业工业化问题，朱伯康主张：“我国正宜在工业化开始时期，即励行农村工业化，以为工业生产与农业生产之联系，使二者互相辅助，联合发展。”“农业本身之建设，在今日，实属于科学与技术之范畴，换言之，现代农业，实为科学化与机械化之农业。”② 全面系统地研究农业与工业化问题的是著名经济学家、发展经济学的奠基人张培刚先生，1945年底他完成了哈佛大学经济学的博士论文《农业与工业化》。在《农业与工业化》的开篇中，张培刚先生明确指出，“在任何经济社会中，农业和工业之间总保持一种密切的相互依存关系，虽然在经济演进的过程中，其方式屡经变易”，但“一个国家，无论已经高度工业化到何种程度，若不能同时在国内的农业和工业之间，维持一种适当的变动的平衡，或者经由输出和输入，与其他国家的农业企业保持密切的联系，则一定不能持续并发展其经济活动”③。

对于实现的途径，我们应首先看到“农国论”者杨开道的观点，他说建设现代化的农业中国需要做好两件事情：“第一要建立一个切合中国国情，切合中国需要，能解决中国农业问题，能促进中国农业生产的农业科学。有了农业科学技术，农业科学设施，农业科学人才，才能慢慢演成一个科学化的、合理化的、机械化的、工业化的现代农业制度。第二要教育中国农民，组织中国农民，要他们能取得主动的地位权利。”④ 怎样实现农村工业化？朱伯康提出了两条途径：“一为改良旧有之手工业，增加工业贷款，改善其设备，工具，技术与组织，使其生产能力扩大，出品之品质能改进为原则。二为新式工业向农村分散，使工业迁就于低廉之原料与过剩之劳力，增加国防之安全程度为原则。”即“是指在原有土地的地位上，顺应其土性，温度，湿度，并市场经济环境，从事于最适宜最有利之生产，并适应此

---

① 参见韩稼夫《工业化与中国农业建设》，商务印书馆1945年版。
② 参见朱伯康《经济建设论》，中国文化服务社1946年版。
③ 参见张培刚《农业与工业化》，华中工学院出版社1984年版。
④ 参见杨开道《中国以何立国》，重庆《新蜀报》1940年1月7日。

种生产，而采取最适宜的技术”。[①] 为了达到这一目的，他主张调整现有的土地制度，以利于推行农业机械化和稳定农业生产，同时他建议发挥农村金融的作用，加大农业投资，开展农业科技研究，推广先进生产技术，重视农业人才的罗致和训练等。

不可否认，农业工业化是农业发展融入工业化进程的必然选择，也是实现立国强国的必由之路。问题的关键在于如何在工业化的进程中，正确地把握工业与农业二者的关系，遵循一条科学的发展道路，这也是 20 世纪 40 年代短暂的立国之争所具有的重要理论价值。

所有这一切表明，在中国这样一个农本主义思潮根深蒂固、农业文明源远流长的农业古国、大国中，在近代卷入资本主义世界经济体系后，面对世界工业化的大趋势，在东西方文化的剧烈冲突中，“中国人要适应现代世界新潮流，自决命运，迎头赶上，探索一条适合中国国情的现代化道路，要经历艰苦的认识过程啊”![②]

20 世纪 20—40 年代的“农国论”带着对中国发展道路的思考和对中国富强繁荣目标的探索一路艰难走来，其间经历了以“工国论”为代表的反对者的论战，显得越来越理智和成熟。特别在关于中国工业化、现代化问题的认识上所涉及的影响中国经济道路的几个最主要的问题的认识上——中国工业化的必要性、民族文化与工业化的关系以及工业化战略选择和实现的方法步骤等，显示了自己独有的见解和勇气，这些对当今的社会主义现代化建设仍起着借鉴和警示作用。论战中各派的观点，无论是以农立国派还是以工立国派，都不能简单地将其观点都斥为“迂腐”或“虚幻”。每一派的观点都有其根源和依据，每一派的代表都有其思想和追求，这些派别都是中国的时代精英们为促进对国家和民族的发展所做出的辛勤贡献。“以农立国”论作为中国现代化运动中涌现的一种思潮，它所倡导的农本思想以及有关理论历经岁月的洗礼，仍应视作一份思想遗产加以研究和保存。

---

① 参见朱伯康《经济建设论》，中国文化服务社 1946 年版。

② 罗荣渠：《中国近百年来现代化思潮演变的反思》，罗荣渠主编《从“西化”到现代化——五四以来有关中国的文化趋向和发展道路论争文选》，北京大学出版社 1997 年版，第 28 页。

第四章 “农国论”指导下的乡村建设运动

乡村建设运动是中国近现代历史上的一件大事，是“农国论”者缘于对晚清以来中国乡村问题的思考之下的实践活动，是农村落后破败的现实和知识界对农村重要性自觉体认相结合的产物。以晏阳初、梁漱溟、卢作孚为代表的“农国论”者，“铁肩担道义，妙手著文章”，忧国忧民，用不同的思想和实践方式，去寻求和探索振兴中国农村之路。“农国论”指导下的乡村建设运动地域广阔、形式多样、时间持久、影响深远，总的来说包括以下内容：扫盲和文化教育、引进和推广动植物良种、尝试建立农村医疗保健体系、移风易俗、倡导合作组织、加强农村自卫等方面。乡村建设运动的历史意义，不仅在于可为现实问题的解决提供某些参考，更在于其所遗留的丰富精神遗产。他们的乡村建设思想与实践经验，他们的乡村建设的成就和教训，对于今天建设社会主义新农村有着重要的现实和借鉴意义。

第一节 “农国论”者的乡村向往——乡村建设运动之产生

一 乡村建设的由来

乡村建设运动“是一场社会改良运动，即在维护现存社会制度和秩序的前提下，采用和平的方法，通过兴办教育、改良农业、流通金融、提倡合作、公共卫生和移风易俗等措施，以复兴日趋衰落的农村经济，实现所谓的‘民族再造’或‘民族自救’”。[①] 乡村建设运动这一概念在20世纪30年代以前有很多种不同的叫法，如村治、乡治、乡村教育等皆具有乡村建设的含义。“乡村建设”一词的正式出现是在1931年。当时乡村遭到持续破坏，而全国80%以上的人口住在乡村，因此，要解决中国问题就要从最大多数人口居住的乡村入手。所以，“不谈建设而已，欲谈建设，必须注重乡村建设”。[②] 梁漱溟也在1931年正式使用“乡村建设”这一提法后创办了《乡村建设》旬刊。

梁漱溟认为，“因为近几十年来的乡村破坏，中国文化不得不有一大转变，而有今日的乡村建设运动”，“救济乡村便是乡村建设的第一层意义；至于创造新文化，那便是乡村建设的真意义所在”。乡村建设的次序为：“先讲乡村组织，次讲政治问题，又次讲经济建设，末后讲我们所可成功的社会。”总之，“‘创造新文化，救活旧农村’，这便叫作‘乡村建设’”，“乡村建设顶要紧的有两点，就是农民自觉和乡村组织”。[③] 晏阳初则认为乡村建设是整个社会结构的建设，并非是头痛医头、脚痛医脚的事，其内容包括文化、教育、农业、经济、卫生等各个方面的工作。各方面工作的开展，合起来便是整个乡建事业的发展。[④] 到20世纪30年代以后，乡村建设应该包括经济、政治、社会、教育、文化等多方面的事业已经是当时人们的共识。

二 乡村建设思想产生的背景

民国时期的乡建运动是“农国论”者以改造乡村社会为直接目标的实践性社会运动，当时突出的社会问题和知识界对中国社会的思考和认识是其产生时不得不考虑的因素，旧中国农村的贫穷落后和当时农村经济的衰落，是民国乡村建设思想兴起的直接原因。除此之外，

---

① 王欣瑞：《现代化视野下的民国乡村建设思想研究》，西北大学博士学位论文，2007年。

② 梁代院长仲华讲，晏升东笔记：《本院创刊之旨趣——代发刊词》，《乡建院刊》第1卷第1期。

③ 梁漱溟：《梁漱溟全集》（第一卷），山东人民出版社1989年版，第604—616页。

④ 晏阳初：《晏阳初全集》（一），湖南教育出版社1989年版，第565页。

其他间接因素也影响到乡村建设运动的兴起和发展，如：国民革命中农民运动的影响、中国传统文化中的“乡村情结”、国人在民族危机中对农村和农业问题的重新思考以及西方平民教育、实用教育思想等域外思想的传入对乡村建设思想的发展、成熟起到了推波助澜的作用，笔者将把这些因素分为国内国外两大类进行阐述。

（一）国内因素

1. 农村经济的破产

中国自古以来就是一个农业国家，农村经济的好坏对整个国民经济有着决定性的意义——“农村破产即国家破产，农村复兴即民族复兴。”① 20世纪30年代初，中国农业人口占总人口的80%以上，国民生产总值中农业所占比重高达61%，其中尚未包括农村手工业。② 在一般人的心目中，农业所占比重达到90%，因此，“国民经济完全建筑在农村之上”。③

20世纪二三十年代的中国农村，遭遇了一连串的天灾人祸。国家政治秩序动荡，军阀战乱频繁，匪患遍地，广大农村不断成为内战的战场和土匪侵扰的对象；水旱灾害频发，受灾面积广阔，受灾人口众多；20世纪20年代末的世界经济危机深度波及在世界经济体系中处于弱势地位的中国，由于我国的进出口结构以出口农产品和工业原料、进口工业成品为特点，本来就不堪一击的小农雪上加霜，面临深渊，中国农村面临“破产”。这种破产，表现为土地高度集中造成中国农村“两极分化严重，广大失去土地的农民生活更加贫困；二是无地和少地农民对改良农业的积极性不高，严重影响着农业进步”。④ 大量农业人口因战乱和灾荒而损失或者流离失所使得农村生产手段落后，生产力低下，土地抛荒现象严重；帝国主义农产品的倾销，造成

---

① 李宗黄：《考察江宁邹平青岛定县纪实》，出版处、出版年不详，考察时间为1934年，“自序”，第1页，转引自徐秀丽《民国时期的乡村建设运动》，《中国现代史》2006年第10期。

② 巫宝三：《中国国民所得》（1933年），中华书局1937年版，第12页。

③ 李宗黄：《考察江宁邹平青岛定县纪实》，出版处、出版年不详，考察时间为1934年，“自序”，第1页，徐秀丽《民国时期的乡村建设运动》，《中国现代史》2006年第10期。

④ 此为郑大华之观点。转引自《关于乡村建设运动的几个问题》，《史学月刊》2006年第2期。

农业生产萎缩，农产品滞销、土地价格下跌；农村金融的枯竭导致农民购买力下降，负债比例和幅度上升；繁重的地租、赋税等负担使得农民贫困化加重，农民离村率上升，等等。

2. 农村教育的衰落

20 世纪初中国废科举、兴学堂以及教育体制的转轨并没有改变旧中国农村教育的落后局面，反而加速了农村教育文化的衰落。“向西方学习”的新式教育和高昂学费的新式学堂使得教育与贫穷的中国农村越来越远。“因为中国以前的教育走错了路，忽略了百万个乡村。”① 农民不识字，“其智识之蒙昧，尚未脱半开化时代”②；农民无学，对于农业科学知识“向极幼稚”，“非特农人从未闻物理化学诸名词，即从事农业教育与实验诸人物，亦多一知半解者”③。新教育非但不能帮助乡村解决问题，不能给予农民需要的教育，相反却推动了乡村读书人离乡的脚步，带走了乡村进一步发展的人才和领袖。乡村中有知识的人都离开乡村，乡村整体文化水平因此急剧下降，剩下没有知识的贫苦农民，在文化贫瘠的土地上，更加没有能力面对乡村的衰落。面对中国农村文盲充斥、科学落后、卫生不良、陋习盛行、公德不修等悲惨的现实，救济农村、改造农村逐渐汇集成一股强大的时代潮流。所以 20 世纪 20 年代的报纸杂志中随处可见“到民间去”的呼声。

3. 国民革命中农民运动的蓬勃发展

1924 年，孙中山在国民党一大上提出“联俄”“联共”“扶助农工”的三大政策，其后三年的国民革命中，革命军所到之处，城市里工人运动高涨，农村则到处发生农民协会领导农民支援北伐、减租减息、抗捐抗税、打击土豪劣绅的各种斗争。这场农民运动，对当时社会的震撼是非常强烈的，它让人们认识到了农民这个阶层一旦被发动团结起来，有了真正代表自己的组织，其凝聚力是非常强大的。农民完全有能力也有可能承担起改造自身社会环境的历史重任。所以说：“国民革命虽然没有最终在政治上取得农村变革的成功，但却在社会思想上开启

---

① 古楳：《乡村教育》，长沙商务印书馆 1939 年版，第 60 页。

② 《农民生活之改造》，《东方杂志》第 18 卷 7 号。

③ 《中国农业革命论》，《东方杂志》第 18 卷 24 号。

了另一个时代，一个激发各种农村变革思想及实验的时代。”[①] 农民在运动中所表现出的革命热情和巨大力量，使不少人对农民和农村有了新的认识，认识到农民和农村是解决中国问题的关键。梁漱溟称国民革命是当时的“新经验”，他自己则是“数年往来于胸中的民族前途问题，就此新经验后，从容省思，遂使积闷夙痗，不期而一旦开悟消释”，非常认可农民运动对自己乡村建设思想的影响作用。

4. 中国传统文化的影响

中国自古是农业大国，农业向来被视为国之命脉。农业是“本”，工商及其他为“末”，“重本抑末”是贯穿中国古代经济的不变主线。虽然从近代以来，以农立国的思路受到了“以商立国”“定为工国”等以工业化为现代化主要方向的思想的冲击和挑战，但是，农业是国家经济的基础、农村社会是国家最稳定的元素、农民是国家最大多数人口的这一事实没有改变。农村状况如何，根本上制约着整个社会的演进。对农业、农村社会的重视已经成为中华民族的一种文化习惯。

1840 年以后，在外国资本主义经济势力的冲击和压迫中，尽管经历了洋务运动、戊戌维新运动、清末新政、辛亥革命等历次运动中对传统农业文明进行的一次次变革和改良，传统农业大国旧有的经济结构也没有经受得住近代以来外国资本主义和工业化浪潮的冲击，鸦片战争以来农业和农村加速衰败的命运仍在继续。“心存天下之忧，念系民族危亡的”一批知识分子不得不对日益加深的民族危机和乡村危机进行进一步的反思。“创造新文化，救活旧农村”，立足于中华民族自身的传统文化，会创造出一条适合中国的乡村现代化道路，这是大多数乡村建设者的共识，也是 20 世纪二三十年代乡村建设运动发端时最深厚的文化根源。

正如罗荣渠在总结中国现代化运动的特点时指出的那样：中国现代化运动是在中国深厚的文化积累层上进行的，始终是从文化层次来探讨中国的出路问题。传统农业大国中人们文化上的“乡村情结”促使中国人始终关注乡村的命运，也试图从乡村——中国文化的根中

① 吴星云：《乡村建设思潮与民国社会改造》，南开大学博士学位论文 2004 年，第 39 页。

寻找到民族复兴的新的契机和起点。一场轰轰烈烈的乡村建设运动也就在对农村经济危机和文化危机的反思中酝酿产生了。

（二）域外影响

同近代中国其他社会思想产生的轨迹类似，民国乡村建设思想的产生和发展，也是中西思想交汇的结果。它既离不开中国传统文化的渊源，又有着西方文化思想的影子。

20 世纪二三十年代由中国知识分子组成的乡村建设团体各具特色，但从其改造乡村的理念与思想渊源而言，它也是中西交汇的产物。除却中国的传统文化外，还依赖了“国际之物质和人力的帮助”，并广泛接受了西方的理念与方法。即在儒家民本的指导下，更多地汲取西方文化的精华，来进行乡村建设和改造。

1. 杜威（John Dewey）实用主义、平民主义的传播

世界性的平民教育运动思潮来源于资产阶级民本主义思想，其代表人物有托马斯·杰斐逊（Thomas Jefferson）、贺锐斯·曼和杜威，其中以杜威为代表。杜威是美国著名的实用主义教育家，他认为教育即是生活、生长、指导与经验的改造，主张从做中学，使知行合一，提倡儿童中心主义，即整个教育过程都应围绕儿童这个“太阳”转，但是他又认为教育本身是没有目的的。教育的目的在于教育的历程，而不在于教育本身。同时杜威还提出平民主义教育，力争使教育事业为全体人民着想，为组织社会各分子着想，成为利便平民的教育，而不是为少数贵族阶级或者有特殊势力的人的教育。

美国著名的实用主义哲学家、教育家约翰·杜威（1859—1952），是 20 世纪世界上最重要的教育家之一，也是对中国现代政治、社会、教育、文化等领域影响最为广泛而深远的西方思想家之一，在中西方文化交流史上，杜威堪称是一位极其特殊的人物。他在 20 世纪初这一中国历史上新旧力量冲突最为激烈、社会矛盾和斗争最为复杂的时期来到中国，见证并影响了中华大地剧烈的文化和社会转型，并与中国结下了不解之缘（见图 4 - 1）。

1919—1921 年，杜威在中国进行了长达三年的游历和讲学活动。他的思想，特别是实用主义哲学轰动了整个中国学术界和思想界，尤

图4－1　杜威像

其是在教育界。杜威来华正值中国思想界新旧交替之际，中国学术和思想上正需要注入新鲜的血液，杜威的实用主义无疑为中国知识分子接受和理解西方文化以寻求中国出路提供了方便，实用主义在中国经杜威的弟子胡适、陶行知等人的大力宣传后，很快实用主义教育在中国广为传播。中国的平民85%以上都集聚于农村，所以中国的平民教育实质就是农村教育，后来兴起的平民教育与乡村建设就是吸收了杜威的教育观点。杜威还积极推动中国男女同校，并担当了中华改进社等多个教育团体的名誉董事（见图4－2）。[①]

图4－2　1919年杜威访华时合影。前排左起：史量才、杜威夫人爱丽丝、杜威；后排左起：胡适、蒋梦麟、陶行知、张作平

---

① 参见袁刚、孙家祥、任丙强等《民治主义与现代社会：杜威在华讲演集》，北京大学出版社2004年版。

杜威的实用主义与平民主义思想对中国乃至世界的平民教育思潮起到了推波助澜的作用，乡村建设运动最初以乡村教育作为兴起形式之一，即是受到了杜威实用主义哲学的影响，这可以说是对乡村建设思想产生影响最深的国外文化因素。在乡村建设运动中的晏阳初的平民教育意识、社会改良思想，以及他倡导的社会调查和社会实验的方法，本身就是实用主义影响的结果。陶行知是杜威的忠实弟子，美国历史学家休伯特·布朗将陶行知的教育理论与实践称作是“杜威教育哲学的中国型”[①]。卢作孚在四川的乡村建设实验实施的传习教学法、“做中学”教学法等都可见杜威实用主义教育思想的影子。

传统文化情结中对农村的重视和晚清以来在民族危机中对农村、农业的重新思考以及恰逢此时传入的实用主义教育思想均成为影响乡村建设运动产生的重要文化因素。

2. 丹麦格龙维与丹麦庶民高等学校的示范

丹麦的格龙维（Grundtvig）创办的庶民高等学校一直被中国的许多乡村教育先师所推崇。格龙维的民众教育、乡村教育思想在 20 世纪二三十年代传播到中国，梁漱溟、晏阳初等都深受影响。

丹麦是北欧一个小农业国，其国土面积只有 17094 平方公里，人口 320 万，其中 57% 生活在农村中。自从 19 世纪中叶起到 20 世纪 20 年代，在格龙维和他的弟子柯尔德的带动下，丹麦共创设了 57 所民众学校，学生达 3856 人。这种学校主要设在农村，不用传统的入学试验鉴别学生，也不用毕业试验发文凭；学生来自田间、商场和工肆，多是 18 岁以上的农人，毕业后依然回到田间、商场和工肆；学生出校后成为各试验农校的创办人和教师，以及农村各种合作制度的组织者和经营者。学校是私人经营，所以政府只给津贴而不加干涉。学生在校时间不长，一般每年 11 月 1 日至第二年 4 月 1 日的五个月为男生期，5 月 1 日至 8 月 1 日的三个月为女生期。学校的教育目的，“只是教人爱上帝、爱邻人、爱丹麦”，所以学校教育在于以教师人

① 夏军：《杜威实用主义理论与中国乡村建设运动》，《民国档案》1998 年第 3 期，第 66 页。

格的力量，引发学生求知向上的要求。课程注重丹麦语文、历史、音乐诗歌、体操等，教师在教学中注重“活的语言”。师生共同饮食起居，过着家庭般的亲切生活，几个月后便带着宗教的灵感各自回村，努力于自己的生活和农村教育（见图4－3）。[①]

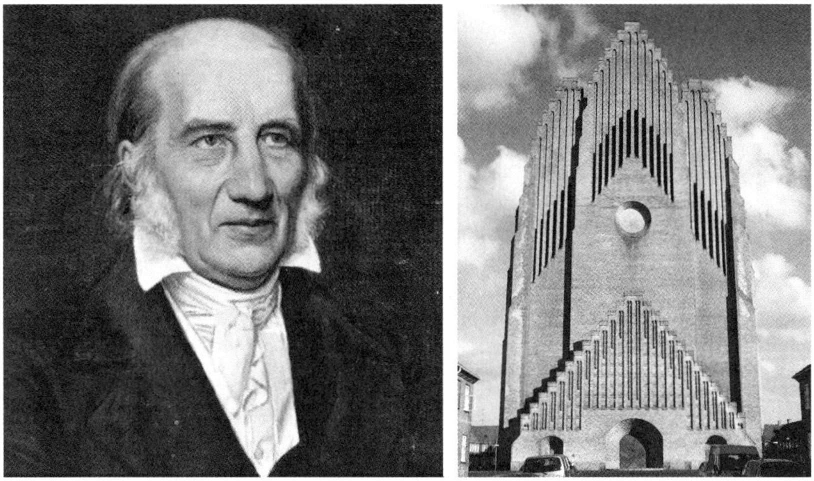

图4－3 丹麦格龙维及哥本哈根的格龙维大教堂

丹麦的这种民众教育成了斯堪的纳维亚半岛上如挪威、瑞典等国的一种普遍教育形式，此外，德国、捷克、英国也都推广或效仿丹麦的办法。美国还有人特意到丹麦留学和考察，回国后根据格龙维的教育理念，办了许多民众学校，如波柯诺民众学校和康勃尔民众学校。

格龙维的教育理念和庶民高等学校尤其影响了中国的乡村教育事业。雷沛鸿完全接受格龙维的教育思想和办学精神，他认为中国教育要走的道路正是丹麦的道路，“这个榜样给我们一种无穷希望，就是教育……足以改造社会，又足以改造国家”[②]，这样就可以建立一个“人人有工可做”“人人有学问可做”的社会。民众教育家俞庆棠认为由于丹麦与中国国情较接近，所以回国后她从事的民众教育事业就

① 苗纯德：《中国近代教育史》，人民教育出版社2004年版，第35—37页。
② 韦善美、马清和：《雷沛鸿文集》（上册），广西教育出版社1990年版，第280页。

是以丹麦的农人教育为典型，希望中国也能和丹麦一样，由“农村复兴而造成民族的繁荣和强盛”。[①] 丹麦的教育也引起梁漱溟的关注和“不胜景仰”，他说：“我因忖思中国经济问题的解决，而注意到农业与农民合作；因留心农业与农民合作的事，而注意到丹麦这个国家，并听得丹麦农业之发达、合作之隆盛，皆以其教育为原动力。”[②] 梁漱溟认同格龙维对教师“先进文化的传承者”和“民主自由斗士”的定义，也认识到丹麦教育实则是少数具有优秀品质的人去感召、唤醒多数人的过程。因此梁先生秉持儒生家国天下的情怀，身体力行地感召知识分子下乡，在中国农村开展乡村建设。

3. 日本武者小路实笃与新村主义的影响

新村主义是流行于世界的一种小资产阶级的社会改良思潮，早在19世纪上半期空想社会主义者欧文和傅立叶就曾先后在美国做过新村试验，结果虽失败，但其影响却遍及全世界。他们主张避开喧嚣世俗的城市，找一块新天地，建立一个没有剥削、没有体脑对立的和睦新村。在这里，人人可以工读、人人都享受平等的待遇。当第一个新村建立了，就会陆续有许多新村建立起来。20世纪初期，日本学者武者小路实笃深受空想社会主义的影响，提出了一套系统的新村主义理论。

“新村”是日本白桦派的代表作家、剧作家武者小路实笃受俄国作家托尔斯泰“躬耕”生活的影响，于1918年设立的，以此来实践其人道主义和理想主义的场所。从武者小路实笃创办《新村》，开展“新村”实践的渊源及发展状况，可以看到作为文学家的武者小路实笃倡导的“新村”实践的社会意义。

武者小路实笃的新村主义是将克鲁泡特金的互助主义、托尔斯泰的泛劳动主义、北美的工读主义烩于一锅的小资产阶级空想社会主义。认为“不需要实行暴力革命，也不需要生产力的极大提高，只要在乡村组织和推广共同劳动、共同消费，实行各尽所能、各取所需的

① 参见茅仲英、唐孝纯《俞庆棠教育论著选》，人民教育出版社1992年版。

② 马秋帆：《梁漱溟教育论著选》，人民出版社1994年版，第56页。

新村并普及教育，就能战胜资产阶级，逐步在世界上建成‘社会主义天国’”。他于1918年创办《新村》杂志，为建设乌托邦式的社会，他在日本九州的日向地方创办劳动互助、共同生活的模范的“第一新村”，掀起了一场新村运动。他还梦想将新村推广到全世界。后来马克思主义逐渐在日本普及，他的新村运动和空想社会主义思想遭到批判。但在这次批判的风暴中，他仍然坚持自己的信念（见图4－4）。

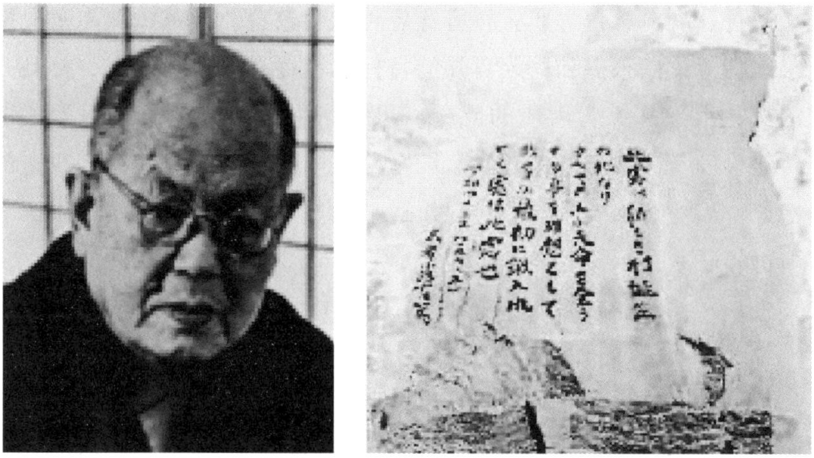

图4－4 日本武者小路实笃及宫崎县的“新村”创立纪念碑

武者小路实笃的新村思想影响了许多寻求救亡图存道路的中国知识分子。王拱璧早年留学日本的早稻田大学，他曾慕名拜访过武者小路实笃，并实地考察了“第一新村”。回国后，王拱璧效仿武者小路实笃，在家乡河南省西华县孝武营村首创新村试验，并把孝武营改名“自治青年村”，建立村委会，王当选村主委，建立青年自治会和保卫团，教育上创办以“有教无类”为宗旨的“青年公学”，还在村里实行减租减息和移风易俗等，但是新村试验最终还是夭折了。但他的理想激励着中国广大乡村建设者们还是设区划县，在自己的试验王国之内为实现改造中国乡村的神圣使命而前赴后继。

由上可知，“五四”前后的乡村教育家们所形成和创立的乡村教育或平民教育思想及实践并不是他们凭空想象的，而是在吸收、借鉴、消化和融汇国外的教育文化思想的基础上，结合中国的具体实际，经过创新而形成的各具特色的教育和改造中国社会的思想和理论。也就是说，中国的改造社会运动也具有深刻的时代背景和世界背景。当时整个世界处于转型时期，西方的资本主义世界经过了第二次工业革命，经济发展极为迅速。但经济上的高速发展却与本国人民的文化水平和素质的相对低下很不相称，因此资本主义世界也面临着如何提高国民的综合文化素质的问题。于是人们开始关注教育，特别是民众教育、农村教育、职业教育等各种社会教育。而殖民地半殖民地国家面临着民族独立和民族自强的目标，也存在着改造国民、提高人民的文化水平和综合素质的问题。可见，中国的“走向民间”式的乡村建设和平民教育运动是属于国际范围内的社会教育和社会改造的一部分。那些杰出的中国乡村建设运动的领袖们从一开始就将中国乡村与世界联系在了一起。

第二节　乡村建设运动的基本概况

20世纪30年代全国从事乡村建设工作的团体和机构有600多个，先后设立的各种实验区有1000多处。这些团体和机构，性质不一，情况复杂，诚如梁漱溟所言，“南北各地乡村运动者，各有各的来历，各有各的背景。有的是社会团体，有的是政府机关，有的是教育机关；其思想有的‘左’倾，有的右倾，其主张有的如此，有的如彼”。[①] 但关心乡村，立志救济乡村，则是这些团体和机构的共同点。

一　沿袭发展

乡村建设运动的产生发展是与整个民国时代的社会、政治、经济、文化、教育等变迁相始终的，也是20世纪上半叶中国现代化过程中试图解决乡村问题的一次大思考。其实从清末开始，就逐渐有人提出以新思路新观点考察研究中国农村问题，其后出现了不少解决农

① 梁漱溟：《梁漱溟全集》（第二卷），山东人民出版社1990年版，第582页。

村问题的主张和方案，并在个别地方付诸实施。从总体上看，民初到20世纪20年代以前是乡村建设运动萌芽时期，20世纪20年代是其发展时期，村治思想和乡村教育思想是发展期乡村建设思想的主流。20世纪30年代以后，乡村建设活动成了全国性的社会运动，其发展也进入了成熟期，涌现出了很多乡建派别，并对乡村政治、经济、文化教育作了全方位的思考和设计及其实践，但非常惋惜的是，随着1937年日本全面侵华战争的开始，乡村建设运动也不得不被迫中止。

（一）民初至20世纪20年代的萌芽初发

乡村自治和乡村教育思想是20世纪20年代的乡村建设思想的主要内容。乡村自治思想首先以民初的翟城村治发端，其后是山西村治以及“中华报派”“村治派”的村治思想，成为了20世纪20年代倡导乡村自治思想的典型代表。其对乡村自治问题在理论上和实践上进行了探讨，对乡村政治现代化的改造道路做出了积极的探索。

1. 乡村自治运动

乡村自治运动是乡村建设运动萌芽和发展期中很重要的一支。近代以来，封建王朝急剧衰落，保甲制度严重废弛，中国社会面临着亘古未有的大变局。在近代地方自治思潮的影响和推动下，人们开始从全新的视角寻求新时代的乡村社会治理方式。1915年河北定县翟城村的米鉴三、米迪刚、米阶平父子在定县知事孙发绪的直接推动下，以日本为原型，在翟城村建立自治组织，开展“模范村”的改造工作，乡村自治由此揭开了帷幕。1917年，山西各地推行编村。编村制度的施行，使山西一改从前混乱的乡村制度，从此建立了以村为单位的基层行政体制。阎锡山在山西的村治，是以省级政府名义推行的村治实验，是民国乡村建设实验中以政治目的入手改良乡村的典型代表。虽然阎锡山以村治为主要内容的乡村改革出发点和20世纪30年代知识分子领导的乡村建设实验有很大的差别，但是它所体现的村治思想是民国乡村建设思想中具有现代化意义的重要部分，对后来的乡村建设也有一定的影响。有很多人把山西村治看成是民国乡村建设运动的最早起源之一。如李紫翔在谈到中国农村运动的社会背景时就指出：“我国农村运动的历史，可以远溯至1904年米迪刚先生在定县翟城村的‘村治’，民国以后山西‘模范省’的‘村治’。”①

从翟城和山西村治可以看出，早期的乡村建设事业主要是由对关注家乡事业进步、对乡村社会比较熟悉的乡村士绅和地方军阀主持的，所以乡村建设活动仅发生在个别区域，没有形成社会上对农村状况的普遍关注。但许多具有现代性的建设思想已初露端倪，为以后乡村建设思想的发展提供了一定的经验和基础。

2. 乡村教育运动

进入20世纪20年代以后，乡村建设运动有了进一步的发展。随着日益严重的农村危机和西方教育思想的传入，知识分子群体开始寻求中国乡村现代化道路，越来越多的知识分子开始关注并参与到乡村建设事业中来。乡村教育思想是在民初新式教育危机和西方实用主义教育思潮传入的双重影响下产生的，以黄炎培、陶行知等人为代表的乡村建设者不约而同地选择教育改造为乡村建设的立足点和起点，他们的乡村教育理论成为了民国乡村建设运动中“人”的现代化改造的指导思想。

教育界人士黄炎培、陶行知、晏阳初、梁漱溟、卢作孚等人有感于中国乡村饱受天灾人祸、经济凋零、农民愚昧、学校荒废的现状，认识到中国以农立国，农村人口占绝大多数，欲救中国必先救农村，纷纷提出“到农村去”“到民间去”的口号。他们将追求乡村建设、农村现代化的着力点首先放在了改进乡村教育上，由此形成了20世纪20年代的乡村教育运动。乡村教育运动是20世纪20年代教育界参与乡村建设相关问题的理论探讨和思想传播的结果，不仅壮大了乡村建设队伍，也使这一时期乡村建设群体多元化，乡村建设思想更加丰富多彩。

1917年，黄炎培在上海发起成立中华职业教育社，在教育界率先举起了“沟通教育与职业”的大旗，标明了该社致力于使教育趋于实用的宗旨。在黄炎培乡村教育思想的指导下，中华职业教育社创

---

① 李紫翔：《中国农村运动的理论与实际》，《中国乡村建设批判》（中），上海新知书店1936年版，第2页。

办了若干乡村教育实验区。其中，成绩较突出者为1926年中华职业教育社与东南大学、中华教育改进社、中华平民教育促进会合作试办的江苏昆山徐公桥实验区，其宗旨为“以农村入手，划定区域，从事实验，其以教育之力，改进农村一般生活，以立全社会革新之基”①，在乡村建设事业上取得了突出成绩。陶行知创办的晓庄师范，“在整个乡村教育运动中具有里程碑式的意义”。②“中国以农立国，十有八九住在乡下。平民教育是到民间去的运动，就是到乡下去的运动。”③陶行知将城市平民教育引向乡村，创造性地进行了乡村生活教育实验，成了20世纪20年代乡村教育改造的典型范例，他的思想也深深影响了以后乡村建设运动中教育改造的内容和形式。

（二）20世纪30年代的成熟壮大

经过20世纪20年代乡村建设思想的酝酿发展期，20世纪30年代后，乡村建设思想逐步成熟，乡村建设活动也正式成为了一种社会运动，极盛时有600多个团体参与，创办的实验区多达1000余处。在轰轰烈烈的运动中，河北定县、山东邹平、重庆北碚、江苏无锡等地逐渐成为乡村建设中心。在运动的同时，涌现出了形形色色的乡村建设思想，其中以中华平民教育促进会总干事晏阳初、山东乡村建设研究院院长梁漱溟和四川重庆北碚乡村建设实验区卢作孚的乡建思想最为系统和最有特色，是20世纪30年代乡建理论的典型代表。晏阳初、梁漱溟和卢作孚分别领导了以自己思想理论为指导的乡村建设实践，开创了民国乡村建设运动史上的定县、邹平、北碚三种实验模式，以自己的人格魅力和投身乡建事业的执着精神在20世纪30年代的乡村建设史上写下了浓墨重彩的一笔，对当时乃至今天的乡村建设都有久远的影响和意义。

20世纪30年代后，乡村建设各派在理论逐渐成熟的同时也走向了互相交流、沟通、合作的道路，各种乡建思想表现了由分散到整合的倾向。1933—1935年三次全国乡村工作讨论的召开就是走向合作

① 《徐公桥乡村改进会章程》，《中华教育界》1927年第2卷第16期。

② 童富勇：《论乡村教育运动的发轫兴盛及其意义》，《浙江学刊》1998年第2期，第115页。

③ 陶行知：《陶行知全集》（一），湖南教育出版社1984年版，第494页。

的很好证明，也是民国乡村建设运动进入高潮期的标志。三次“全国乡村工作讨论会”是在乡村建设运动发展到高峰期的三次思想交流和合作，大会促进了全国乡村建设工作的联络和交流，是民国乡村建设史上的大事。会议达成了许多关于乡村现代化改造的共识，对于今天新时代的乡村建设也是一种宝贵的经验和财富。除三次乡村工作讨论会外，1933 年乡村建设学会的成立和 1936 年华北农村建设协进会的建立也都体现了乡村建设各派走向合作的趋向和愿望。

（三）20 世纪 40 年代沉寂的收尾

随着 1937 年日本全面侵华战争的开始，乡村建设运动也不得不被迫中止。到了 20 世纪 40 年代，乡村建设运动归于沉寂。遗憾的是，正当乡村建设轰轰烈烈展开，即将取得更大成果的时候，日本全面侵华战争的爆发使这场中国 20 世纪上半叶寻求乡村现代化道路的探索运动被迫中止，各种乡村建设思想和理论对中国乡村改革的设计也只能成为一种美好的空想。虽然在西南地区还有部分乡建事业在继续，但作为一种全国性的建设运动，它已经因为战争原因在 20 世纪 30 年代后期画上了句号，40 年代归于沉寂。

二　实施内容

乡村建设运动的内容，包罗宏富，包括社会调查、行政改革、基层自治、发展教育（学校教育和社会教育，后者涉及文字教育即扫盲、文艺教育、科学教育、卫生教育、公民教育等内容）、推广科技、移风易俗、提倡合作、自卫保安、卫生保健等诸多方面。

（一）扫除文盲、革除陋习

大量文盲的存在，无疑与国家的现代化目标严重冲突，也与国民为国家主人的民国理念严重背离。因此，扫除文盲不仅是乡建最重要团体之一——中华平民教育促进会工作的出发点和重点，[①] 也是当时朝野上下广受关注并致力甚多的一个领域。在这种认知之下，20 世纪二三十年代扫盲运动盛极一时，而且主持者对此抱持极为乐观的态

① 徐秀丽：《中华平民教育促进会扫盲运动的历史考察》，《近代史研究》2002 年第 6 期。

度，以为在五六年内即可完成扫除全国文盲的目标。扫盲的经典读物，为晏阳初首创的“千字课”。扫盲教育运动也是乡建运动中成效最为显著的内容之一。

在乡建倡导者看来，乡间礼俗的兴革，关系乡村建设甚大。不好的习俗不去，就会影响建设；尤其是好的习俗不立，无以帮助建设的进行。移风易俗，既包括如吸毒、赌博、封建迷信、早婚、男尊女卑等社会陋习的革除，也包括新习俗如年节及婚丧礼俗的文明化、文艺体育活动的推广、读书讲演风尚的培养以及公益活动如修桥铺路、清洁卫生的提倡等。

（二）引进、推广动植物良种，设立合作组织

为切实增加农民的收入，使农民摆脱贫困境地，各乡建团体积极从事和开展动植物良种的引进和推广工作。试验和推广的动植物种类繁多。如山东乡村建设研究院的邹平引入了许多作物新种，“最受欢迎的是美棉”①。20世纪二三十年代，合作运动蔚然成风，它也是乡村建设运动的重要内容之一，在各主要实验区，几乎都建立了生产、销售、消费、信用等合作社，有的地方还成立了专门负责合作社的部门。成立于1932年秋邹平县的美棉运销合作社，专门运销研究院正在推广种植的良种美棉，以实现农户的增产增收。

（三）初建农村医疗保健体系，加强农村自卫建设

身体的病弱是社会病态的集中反映，也是平教会概括的四大社会问题之一。针对广大居民清洁习惯不良、环境卫生不良、医药状况不良、妇婴卫生不良、传染病处置不良的情况，平教会根据实际设计了村、区、县三级保健制度，于1932年开始试行②，对其他乡建团体产生了示范作用，并受到政府卫生部门的重视，对于改善落后卫生状况，提高民众健康水平有重要价值。③

---

① 曲延庆：《试从邹平农民的反映看乡村建设运动》，《乡村：中国文化之本》，山东大学出版社1989年版，第267—268页。

② 晏阳初：《晏阳初全集》（第一卷），湖南教育出版社1989年版，第272—276、417—420页。

③ 郑大华：《民国乡村建设运动》，社会科学文献出版社2000年版，第316—319页。

民国时期的中国农村，社会动荡，土匪猖獗，外患日逼，安定社会秩序是进行乡村建设的前提，也是乡村建设的一项重要内容。比如，河南省镇平县彭禹廷的人民自卫团和邹平的乡村自卫体系的建立。不过，乡建运动中组织地方自卫的地方，大多数是在政府授权的范围内进行。实行农村自卫需要广泛的社会动员和有力的财政支持，只有那些掌握行政权力的实验区才有可能系统全面地进行，小规模的实验区不具备这一能力。

三　三大乡村建设运动典范

民国时期出现了数以百计的乡村建设团体和机构，诞生过一批乡村建设运动的知名活动家。其中最为著名、最有代表性的活动家有三位，即晏阳初、梁漱溟、卢作孚。这三位乡村建设运动的领袖人物，因为他们在民国乡村建设运动史上的影响和成绩，被誉为民国乡村建设运动的“三杰”。他们在定县、邹平和北碚分别从教育、文化、经济入手的乡村建设理论和实践，在相同相近之中又有着各自的特色。他们领导、创建的河北定县、山东邹平、四川北碚乡建模式也成为中国乡村建设运动历史上具有里程碑意义的三种典范。他们的乡村建设理论和实践对我们今天进一步研究和解决“三农”问题，积极推进社会主义新农村建设，都具有重要的启示和借鉴意义。

（一）河北定县模式：平民教育——乡村科学化

乡村地位很重要是乡村建设者们的共同认识。晏阳初认为乡村地位的重要主要体现在三个方面：第一，乡村是中国的经济基础，离开了农业、农村和农民，国家就不能存在。第二，乡村是中国的政治基础。中国政治的基础不在中央，也不在省，而在乡村。第三，乡村是中国人的基础。构成国家的三要素是土地、主权和人民，但在这三要素中，“人民”又是最重要的要素，有了人，土地、主权可以失而复得，没有人，土地、主权可以得而复失。中国人民号称四万万，农民则占了85%，因此，真能代表中国的是居住在两千多个县中无数农村里的乡下佬。晏阳初强调“民为邦本，本固邦宁”，中国唯一的出路是做“固本”的工作。中国所以会积贫积弱，受列强欺侮，甚至面临亡国灭种的危险，一个重要的原因是对“人是立国的根本”和对“中国人的基础在乡村”这两点上缺乏足够的认识，而且中国乡村建设面临的最大问题是“愚、穷、弱、私”，正是农民“愚、穷、弱、私”的四大病症导致了农村的落后。晏阳初认为世界最宝贵的财富是人，世界最宝贵的矿藏是“脑矿”，最大的“脑矿”在中国。中国农民蕴藏着无穷伟力，平民教育运动与乡村改造，就是在开发中国“脑矿”，开发民力，最终实现民族再造。

1926年，晏阳初率领一批有志之士，“走出象牙塔，跨进泥巴墙”，到河北定县农村“安家落户”。他们以定县农村为中国基层社会改革和乡村建设的“社会实验室”，依据现代社会调查的科学原理、方法技术，进行长时间、多角度的系统性社会科学调查。通过调查，晏阳初等人便在定县这个“社会实验室”里，高举“平民教育”的旗帜，进行一系列旨在顺“民心”、发“民力”的试验研究。结果，一套文艺、生计、卫生、公民四大教育同时并举，学校式、社会式、家庭式三种教育方式综合运用，试验研究、分类培训、表证推广三项科技工作顺序推进，政治、教育、经济、自卫、卫生、礼俗六大建设整体实施的乡村建设方案，闪亮登台。

这是一套以“平民教育”为中心的乡村建设方案，“平民教育”“是用科学的方法解决农民问题的一场科学运动”①。如何使“农民科学化”和“科学简单化”，以期把简单化了的科学技术转化为农民自己的实际操作，一直是平民教育工作者从事乡村改造事业的第一要素。② 而“各种建设的成功，自须经过一个教育阶段”③。因此，可以将这一模式概括为“平民教育——乡村科学化”模式。

（二）山东邹平模式：文化复兴——乡村学校化

梁漱溟的观点是中国自古是以农立国的国家，中国的根在农村。农业生产是中国国民经济几千年来的基础，关系着最大多数国民的生

① 宋恩荣：《晏阳初全集》（第二卷），湖南教育出版社1992年版，第402页。

② 周逸先：《晏阳初平民教育与乡村改造方法论初探》，《高等师范教育研究》2002年第3期。

③ 宋恩荣：《晏阳初全集》（第一卷），湖南教育出版社1989年版，第19页。

活，因此，以农为本，“促兴农业”，乃是巩固国本，为最大多数国民谋利益之需要。梁漱溟认为乡村建设起于中国乡村的破坏，即是救济乡村运动。乡村建设是为了“创造新文化，救活旧农村”。中国的问题不是什么旁的问题，而是文化问题，中国几十年来乡村破坏完全是因为“向西方学习造成的”，结果是“不东不西”“旧辙已破，新轨未立”的文化失调，而且是严重的文化失调。梁漱溟强调的是中国原有的“伦理本位”的社会礼俗秩序的破坏，导致乡村人心不古、世风日下和乡村破坏的事实，强调依靠“乡农学校”这一“新的社会组织构造”再现纯朴民风，实施农民教育和农村建设的极端重要性。

为了“救活旧农村”，中国人应当“认取自家精神，寻取自家的路走”，在中国文化的“老根”上培育“新芽”，即“创造新文化”。为此，梁漱溟赋予宋人吕大防的乡规民约论以时代的新意，谋求理想和谐社会之再现；立“乡农学校”，使之成为集政、教、养、卫于一体的农村基层“新的社会组织构造”。指望由村而乡，由乡而县，全国都成为一个儒家大学校。村民都以类似于吕氏乡约中“德业相劝、过失相规、礼俗相交、患难相恤”的乡规规范自己的生活，并参加以合作化的形式所进行的各项建设活动，最终完成“创造新文化、救活旧农村”的乡村建设任务。这一套以“文化复兴”或“创造新文化”为中心的乡村建设方案，可概括为“文化复兴——乡村学校化”模式或“‘老根新芽’——乡村学校化”模式。

梁漱溟的“文化复兴——乡村学校化”模式，分两步走，第一步，设计乡村建设方案，培养从事乡村建设的骨干，并在小范围内进行乡村建设实验探索。主要在乡村建设研究院和《乡村建设》半月刊中进行；第二步，实施以“创造新文化”，“建设一个新的社会组织构造”为中心的乡村建设方案，即通过乡、村两级集政权机构与教育机构于一体的乡农学校之构建，推行学校式教育、社会式教育，同时进行所在乡、村的“经济一面、政治一面、教育或文化一面”的建设。

梁漱溟的乡建动力支持的政治力量并非国民政府而是地方军阀。

梁漱溟深信“中国问题之解决，其发动以至于完成，全在其社会中知识分子与乡村居民打并一起，所构成之一力量”。① 不同之处是，梁漱溟派往“乡农学校”充当“教员”的知识分子属于基层权力结构成员，而晏阳初派往农村的知识分子只是从旁协助，寄希望于农民自己的觉悟。

梁漱溟则从文化至上观点出发认为中国的问题不在政治、不在经济而在严重的文化失调。所以在乡村建设中，强调对农民自觉意识的培养，强调对农民的精神陶冶，乡农学校是他仿照宋代吕氏乡约组织起来的“新的社会组织构造”。

民国二十年（1931），梁漱溟到山东省邹平县，创办山东乡村建设研究院和《乡村建设》半月刊，开展乡村建设实验。研究院设置研究部、培训部和试验区，分别承担乡村建设理论研究、乡村建设干部培训和乡村建设试验推广任务。培训部在数年间，为各个试验区培训了 2400 多名从事乡村建设实验的骨干。

（三）四川北碚模式：实业民生——乡村现代化

卢作孚则是从农村与城市的对比中得出乡村地位重要的结论的。他认为乡村在全国政治、经济生活中的重要地位决定了人们必须重视乡村建设。从政治上看，在中国这个农业大国，乡村是全国政治的基础。从教育上看，尽管乡村学龄儿童和教育需要程度都远远超过城市，但“乡村教育的经营远在城市之下”。而且乡村的青壮年不断到城市谋生并大量迁入城市，这对城市的发展带来了相当的“妨碍”。所以，要建设城市文明，就必须重视乡村教育。再从经济上看，乡村经济愈不发达，人民生活愈贫困，往城市跑的人就愈多，这既给城市建设带来了负担，也给乡村农业带来了严重影响。同时，城市工业原料大多来自农村，城市工业、交通愈发展，原料需要量愈增加，“乡村经济事业如果没有同样的速度进展，既不衰退，亦必引起城市原料的恐慌”。城市经济的发展势必会受到乡村经济不发达的严重制约。

卢作孚从追求乡村现代化、国家现代化的观点出发，认为阻碍中

① 梁漱溟:《中国民族自救运动之最后觉悟》，村治月刊社 1932 年版，第 208 页。

国社会前进最大的障碍是中国传统文化情结下衍生的“两重集团生活”。要想使中国改变落后的面貌走向现代化，必须建设新的“现代集团生活”。他明确指出，乡村建设“在消极方面是要减轻人民的痛苦，在积极方面是要增进人民的幸福”。怎样增进幸福呢？就是要村民多一些收获，多一些寿数，多些知识和能力，多些需要的供给，多些娱乐的机会，强调村民可以依靠社会找到职业、得到抚恤、接受教育、分享快乐的光明前景。

1926年卢作孚在重庆创办民生实业股份有限公司。翌年，主持四川省江巴璧合四县特组峡防团务局，一方面大力维护嘉陵江峡区安全，一方面着手进行以巴县北碚乡为中心的乡村建设实验。经过几年实验，卢作孚认为“中国的根本办法是建国”，即“建设成功一个现代国家”，而国家的现代化需要有乡村现代化为基础，“要赶快将这一个乡村现代化起来”，以供中国“小至于乡村大至于国家的经营的参考”①。乡村现代化是现代生产方式和生活方式的统一：前者是“办大工业”，使“一切产业都工业化”，用工业解决一切生产问题、政治建设和文化建设问题；② 后者是破除中国旧文化所衍生的“两重集团生活”，即“只知有家庭，不知有社会”的家庭生活及由家庭生活扩大而成的亲戚邻里朋友关系，代之以超越这两重狭隘生活的“现代集团生活”③。

为此，卢作孚在《四川嘉陵江三峡的乡村运动》一文中，依据谋“民生”、保“民享”的宗旨，描绘了现代化北碚的蓝图：经济方面有煤厂、铁厂、磺厂等矿业，有大的农场、大的果园、大的森林、大的牧场等农业，有发电厂、炼焦厂、水门汀厂、制碱厂、酸厂、大规模的造纸厂等工业，有轻便铁道、汽车路以及电话、电报、邮政等乡村交通和通讯事业；文化方面有注重应用的生物研究、理化研究、农林研究、医药研究、社会科学研究等研究事业，有实验小学校、职业中学校、完全大学校和图书馆、博物馆、运动场等教育事业；人民皆

① 凌耀伦、熊甫：《卢作孚文集》，北京大学出版社1999年版，第353页。
② 同上书，第603页。
③ 同上书，第315页。

有职业、皆受教育、皆能为公众服务、皆无不良嗜好、皆无不良习惯；地方皆清洁、皆美丽、皆有秩序、皆可居住、皆可游览。这些内容，后来大多在北碚实验区变成了现实。因其着眼于实业（经济建设），以“民生”“民享”为依归，可以概括为“实业民生——乡村现代化”模式。

卢作孚的“实业民生——乡村现代化”模式，基本一步到位。在吸引新经济项目实施实业建设的同时，推行民众教育运动，即现代生活运动、识字运动、职业运动和社会工作运动。一些地方先行民众教育运动，后继实业建设。总之，卢作孚紧紧抓着“以经济建设为中心”的牛鼻子不放，无论先后都要兴办实业，因为，“第一，任何建设，政治的或文化的，皆应以经济建设为基础”；“第二，必须增进人民的富力”；“第三，经济生活为国家最大多数人所必须参加的活动……政治应为最大多数人谋最大福利，自应先致全力于经济建设的运动”①，广大乡村的建设尤为如此。

卢作孚强调发展实业的作用，认为只有发展实业才能“增进人民的富力”，故选择“以经济建设为中心”来设计乡村建设内容。卢作孚规划的乡村建设内容，主要有三点：一是吸引新的实业项目，发展乡村经济；二是兴办文化事业和社会公益事业，丰富乡村文化生活；三是开展民众教育活动，开启民智。民众教育运动包括现代生活运动、识字运动、职业运动与社会工作运动。他认为，这三点以“大工业”“大事业”为基本特征的内容，既是现代生产方式和现代生活方式的具体结合的反映，也是现代化北碚赖以确立的基本保证。

卢作孚靠所办民生公司募集资金，走自力更生之路，值得称赞，但如没有初任峡防团务局长、后任国民政府官员的身份，他的实验未必能够开展并坚持下去。所以，问题的关键并不在于是否借助政治力量，而在乡村运动内部，即如何发挥下乡知识分子的作用和调动农民的积极性。卢作孚从事乡村建设独树一帜，既强调现代生产方式与生活方式的统一，走乡村现代化之路，又强调从思想观念、道德人格、

① 凌耀伦、熊甫：《卢作孚文集》，北京大学出版社1999年版，第603—604页。

整体意识、专门技术等方面训练成功许多人才的重要性。“如这根本问题——人之训练的问题——不解决，则所有社会的一切问题，都不能解决。”[①] 为此，他一方面将民生公司学校化，一方面实施学校教育与民众教育相结合的以民众教育为中心的社会教育，顺利地进行乡村实业建设和人群生活方式的转变，期待着“从旧社会当中创造出新的社会来”[②]。

卢作孚则以一个实业家的眼光认为乡村建设的最终目标是乡村现代化、都市化。他在北碚开展的以经济建设为重心的乡建实验，使北碚成为乡村都市化的成功典型。

第三节　“农国论”的尴尬——乡建运动在质疑和辩解中生存和发展

这场吸引世人眼球的乡村建设运动，虽然轰轰烈烈，风风光光无限，引起了社会各界的广泛关注。但“誉满天下，谤亦随之”，乡村建设运动从一开始就面临来自多方面的批评和质疑。当时一批知名学者如胡适、吴景超、陈序经、董时进等，基于对国家、社会和中国乡村问题的思考，他们用审视的眼光看待当时正在进行的乡村建设运动，在探讨中国乡村经济发展之路上表达着自己的见解，在社会上引起了很大的反响。

由于各派都力图在乡建运动的方案和措施上表达自己对行程问题的独特认识，在 1934 年无锡举行的全国乡村工作讨论会后，时任中央大学农学院院长的邹树文总结道：“乡村工作一个个单独分列起来各有长处，若要聚在一起看，只见其支离破碎”，因此，号召“天下一致而百虑，同归而殊途”，大家的工作应以“爱国”为目标。[③]

---

① 凌耀伦、熊甫：《卢作孚文集》，北京大学出版社 1999 年版，第 297 页。

② 同上。

③ 邹树文：《乡村工作应有一个简明概括的目标》，《独立评论》第 177 号，1934 年 11 月 17 日。

一　对乡村建设运动的质疑与辩解

20 世纪 30 年代，乡村建设运动在当时众多救国运动中是比较有影响的，尤其是以晏阳初等在定县、梁漱溟等在邹平的实验所受关注最多。知识分子们也积极关注晏阳初、梁漱溟等人进行的乡村建设运动，甚至一些学者深入乡村建设试验内部进行实地考察，用切身感受述说对乡村建设的看法。

（一）对定县实验的讨论

定县实验始于 1926 年，是晏阳初带领下的中华平民教育促进会在河北进行的乡村平民教育实验。定县实验以解决农民的实际问题为主要任务，以“四大教育、三大方式”来解决农民的愚、穷、弱、私的根本问题；是一个从文字教育到乡村教育，进而到乡村建设，最后到县政建设的模式，在当时产生过重大影响。其经验曾被称为“定县模式”，为不少乡村建设实验区所效法。因此，各路参观考察者不断。

时人对平教会的批评是花费太大，没有推广价值。晏阳初对他所从事的事业有非凡的热忱，他还具有非凡的鼓动能力和筹款能力，平教会为数不菲的资金基本上来自美国企业和民间的捐款。该会之所以能够集结大批优秀人才，开展规模庞大的建设计划，资金相对充裕是一个基本的前提。面对批评，平教会的回应是，他们的事业是要研究出一个中国各省各县可以普遍利用的方法或方式来，就一县来看，这种方法或方式的代价是太昂贵些；就中国 1900 余县分摊，便不算昂贵了。而且他们认为，作为一个私人学术团体，他们的工作以研究实验为主，推广工作绝不是他们所能办或应办，而是政府的责任。这一说法言之成理，加上平教会未受政府资助，他们按照自己的方式行事，较能得到各界的理解和认可。因此，这一批评虽使晏阳初等人烦恼，但未产生大的影响。

章元善先对定县实验抱有疑惑，在亲自考察之后则对定县的平教会作了大体的肯定。他认为，经济途径是解决中国乡村问题的根本，定县这样的乡村建设其未来发展的根本途径是发展经济和自力更生。

另外，他指出定县实验基础还很脆弱，存在三种隐患，即壮丁出关、农民买不起盐和经不起大兵的光临。[①] 陈衡哲在参观定县后，对定县实验有忧虑，她认为在中国这样的大国，建设定县这样一个小县，对于整个大局是不起作用的，而且“实验是永无完结的时候，定县的实验，若没有一个大规模的推广计划来继其后，则真不免有以手段为目的之讥了”。[②] 任叔永虽然针对社会上对定县实验的批判，为其作了辩护，但他也不得不承认，“乡村事业，用不着做得那样难，使人望而生畏。乡村建设用不着什么高深的学理”。[③]

巫宝山以一个经济学家的视角从制度层面、经济层面和社会效益层面去论述定县的事业。他认为，定县的平教运动的根本问题在于工作目标不明确、没有重点，缺乏主次缓急，以致建设事业不经济，备受争议。并提出了解决办法，一是实验要与其他机关合作，推行实验用专门机关；二是对乡民应进行新的组织、新的训练和新的教育，合作社是直接代表农民经济利益的；三是现实条件下区别对待四大教育，应先集中力量办最关切农民经济利益的事业，其他事业而后次之。[④]

燕树棠则对平教会在定县的实验作了严厉的批判，指出了平教会的六大不足，否定平教会的所作所为，他认为定县应该维持现状，并申明说他的观点是“依据了定县一般民众的见解”。[⑤] 蒋廷黻先生在该文的《编辑后记》中对这种批判保持了客观的态度。他认为这是失意绅士和地主的一种反映，并从客观现实角度评价了平教会的事业，指出：“在此实验期中，错误是免不了的，因为谁也没有得着此中的秘诀”，“改革的方案总要使一部分人士不满意，因为利害的关系和人们守旧的根性”。他还倡议一般知识分子应对定县这类的实验少做无意义的攻击，希望“我们不到民间去的人，对这种实验只应该

---

① 章元善：《从定县回来》，《独立评论》第95号，1934年4月8日。
② 衡哲：《定县农村中见到的平教会事业》，《独立评论》第51号，1933年5月21日。
③ 叔永：《定县平教事业评议》，《独立评论》第73号，1933年10月15日。
④ 巫宝山：《“定县主义”论》，《独立评论》第96号，1934年4月15日。
⑤ 燕树堂：《平教会与定县》，《独立评论》第74号，1933年10月29日。

有善意的贡献的建议，不应有恶意的破坏”。[①]

人们对定县的实验是毁誉参半，而作为平教会本身来说，他们的工作其实是一种研究，只不过在极力宣传下是有点“盛名之下，其实难副”。因此就连平教会内部的人也认为，定县只不过是一个世外桃源式的模范县，作为一种乡村建设的模式，“定县平教会以运动机关去研究，可以说是平教运动的根本失败，也可以说是平教运动的唯一出路”[②]。

（二）对梁漱溟的批评

1933 年 8 月，吴景超在《独立评论》发表《知识分子下乡难》一文，他在文中针对梁漱溟把知识分子作为建设乡村的主动力的观点，阐述了知识分子不可能下乡建设乡村的观点，他认为梁漱溟主张知识分子下乡是行不通的：其一，乡村缺乏容纳知识分子的职业；其二，乡村缺乏知识分子研究学问的设备，如实验室、图书馆等；其三，乡村中物质文化太低，不能满足知识分子生活上的需要；其四，社会环境不适宜他下乡。因而他断言，要求知识分子下乡建设乡村，进而改造中国社会的路是行不通的。由于吴景超在《知识分子下乡难》中对梁漱溟的批判是非常乏力且也难圆其说，这种批判虽揭开了对梁漱溟批判的序幕，但并未产生很大的影响。1934 年，吴景超在《独立评论》再发《发展都市以救济农村》一文，对梁漱溟乡村建设继续批判。这次吴景超着重批判了梁漱溟乡村建设理论中关于中国经济建设路向的观点，认为梁漱溟所指定的“由农村促发工业”“由发展乡村到繁荣都市”的经济建设之路既不能挽救破产之农村，也不能繁荣中国之都市。他认定在中国只能走“发展都市以救济农村”的道路，并在文章中陈述了如何发展都市以救济农村的具体办法。第一，兴办工业，以解决农村人口过剩。他说，“全国的都市，如从发展工业上努力，那么，一部分农民迁入都市，可以有立足之地，就是那些留在乡下的农民，因争食者减少，生活也可略为舒适一点了”；

① 蒋廷黻：《跋燕先生的论文》，《独立评论》第 74 号，1933 年 10 月 29 日。
② 隐患生：《定县之谜》，《独立评论》第 97 号，1934 年 4 月 22 日。

第二，发展交通，以解决农产品过剩；第三，扩充金融机关，总行设在都市，在各地遍设支行或代理处，“一方面可以吸收内地的现金，来做生产的事业，一方面又可放款于内地，使农民减轻利息的负担”①，简而言之，中国应该优先发展工业，走工业化道路。吴文发表之后，在社会上立即产生了较大的反响，一些拥护梁漱溟乡村建设理论的人，以及梁漱溟本人，也即刻做出反应，纷纷发表文章进行辩护。

为驳斥吴景超的观点，梁漱溟也在自己的刊物《乡村建设》杂志上发表了《往都市去还是到乡村来》一文，针锋相对地指出独立评论派所指引的建设路向“已完全没有可能”。他说：“《独立评论》载有吴景超先生及胡适先生几位的文章，认为我到乡村来的路子不对。他们几位的思想是感受西洋近代潮流，今日的美国是他们认为很好的世界个人主义，自由主义，近代工商业文明，是他们所满意憧憬的东西。本来信仰什么主义，憧憬什么世界，含有个人好尚问题在内；个人好尚尽可自由，实用不着反对。不过他们希望中国社会仍走个人主义，自由竞争，发达工商业，繁荣都市的路，则为主观的梦想，我敢断定是做不到的事。我们如果不徒逞主观的偏见，而从经济问题客观实事上来平心静气研究中国将要有的出路时，可以看出胡先生他们这条路，已经完全没有可能。”接着梁漱溟在文章中重新强调了中国为什么必须走由农业引发工业的建设之路，而不能先走工业化道路的理由。指出：“中国根干在乡村，乡村起来，都市自然繁荣”，“此刻我们唯有到乡村来，救济乡村，亦即救济都市如往都市去，不但于乡村无好处，于都市亦无好处。”②

为了进一步阐发自己的观点，反驳乡村建设派的辩护，吴景超在《独立评论》上接连发表了《我们没有歧路》《再论发展都市以救济农村》等文章，批判梁漱溟的理论，言词也趋于激烈。如《我们没有歧路》一文中，吴景超指责以农立国的乡村建设理论是：“经济上

① 吴景超：《发展都市以救济农村》，《独立评论》第118号，1934年9月16日。
② 梁漱溟：《往都市去还是到乡村来》，《乡村建设》旬刊，4卷28期。

的复古论”，其乡村建设运动是“复古运动”。并表示“我们对于一切的复古运动，都不能表示同情，对于这种经济上的复古论，尤其反对”，他明确表示“中国人现在应当积极地努力，用机械的生产方法，去代替筋肉的生产方法”，“朝这条路走下去，自然是工业化，自然是商业发达，自然是农业方面的人口减少，而别种实业方面的人口增加”。吴景超分析当时只愿意走农业化而不愿意走工业化的人有四种，要么是盲目夸大中国传统文化；要么是节制欲望，满足于中国农业生产现状，反对发展工商；要么是看到欧美等国家工业化带来的不景气现象因噎废食，反对工业化；要么是面对帝国主义压迫畏难退缩放弃工业化。吴景超在文中呼吁：“生存在今日的世界中，我们只有努力走上工业化的路，才可以图存。我们只有一条路是活路，虽然这条活路上的困难是很多的。大家不要再在歧路上徘徊了。”[①] 在《再论发展都市以救济农村》一文中，吴景超又强调在都市兴办工业、交通和金融事业，对农民有“贡献”，“可以救济农民”，认为发展都市是救济农村的途径。

（三）对乡村建设运动的争论

乡村建设运动的前景是什么呢？这是时人新的话题，陈序经在《乡村建设运动的将来》一文中表达了对乡村建设运动的悲观和大致否定的态度，这招致了同情乡村建设人士的众多非议，也引发了知识界对乡村建设运动的反思。

陈序经在文章一开头就说：“我以为凡是稍知道十余年来的乡村建设运动史的人，都免不得会觉到这种运动已经有了很多失败，而且有不少还正在失败的途上。”然后更进一步指出“乡村建设是一种实际的工作，然而事实告诉我们，十余年来的乡村建设工作还未超出空谈计划与形式组织的范围”，目前“乡村建设固难于建设，就是维持工作人员的生活也成为问题，乡村建设的目标是救济乡村农民，然结果却变为救济工作人员”。[②] 接着他又发表《乡村建设运动理论的检

① 吴景超：《我们没有歧路》，《独立评论》第125号，1934年11月4日。
② 陈序经：《乡村建设运动的将来》，《独立评论》第196号，1936年4月12日。

讨》，认为乡村建设运动在工作上之所以少有成效，是由于其在理论上的复古倾向，虽然“不能因为过去的失败而放弃实验工作，然而实验的工作需要健全的理论”①。这种严厉的批评自然让很多支持乡村建设的学者不满。有学者便指出这是一种过火的言论，他认为陈先生文中所指的只是乡村建设运动中的表面的表现，乡村建设的工作不能使人十分满意的主要原因是国内其他各种建设不能配套发展，乡建工作是孤掌难鸣。乡村建设本身是有意义的，不能因噎废食。②

对于各种批评，作为邹平乡村建设运动领导者之一的瞿菊农则表现了一种更现实更包容的态度。对于批评他没有正面响应，没有谈大问题，只是讲了工作的具体体会，表现了一种行胜于言的姿态。他认为要在实行中求认识，在实际生活中求问题，“乡村建设运动需要社会的了解，一方面是同情的赞助使这种工作减少困难，一方面是建设的批评使这种工作能够进步”。③ 与此相应，乡村建设运动的宣传刊物《民间》半月刊也表达了同样的意思：“农村运动者是最虚心的，他们无论对于农村运动中的同人或社会一般人士的批评都非常愿意接受，也愿意和他们讨论。”④ 而黄省敏也以一个局内人的立场，对陈序经的文章进行纠正，指出理论是工作的副产物，离开工作的理论是毫无意义的。⑤

傅葆琛分析了众多学者对乡村建设的争议，他认为不同的观点和看法与知识界的认识有关，一是乡建运动本来是一个最困难的社会运动，很难马上收效；二是各种实验目标在探寻全国乡村建设的整个解决方案，而近来我国社会人士对于乡建运动期望太殷，而且常常误解了乡建的工作；三是乡建运动不是单靠几个领袖人物便能成功的，要靠学术、政治与社会这三种力量的合作。⑥

---

① 陈序经：《乡村建设运动理论的检讨》，《独立评论》第 199 号，1936 年 5 月 3 日。

② 杨骏昌：《论乡村建设运动》，《独立评论》第 198 号，1936 年 4 月。

③ 瞿菊农：《以工作答复批评》，《独立评论》第 202 号，1936 年 5 月 24 日。

④ 《卷头语》，《民间》（半月刊）第 3 卷第 1 期。

⑤ 黄省敏：《读“乡村建设运动的将来”敬答陈序经先生》，《独立评论》第 216 号，1936 年 8 月 30 日。

⑥ 傅葆琛：《众目睽睽下的乡建运动》，《独立评论》第 199 号，1936 年 5 月 3 日。

面对这种激烈的争论，曹康伯另辟视角，以青岛的乡村建设为例，说明了在都市的发展过程中，利用政治力量和政府机关的人力物力的推动，由都市推广于乡村也是乡村建设的一条道路。他认为都市与乡村是一种互动关系，“在现阶段国内政治、经济同社会的各种条件下，单纯利用乡村固有的力量来从事建设是不可能的”。[①] 而陈序经本人也比较赞同这种“都市化式”的乡村建设模式，认为青岛的工作是名实相符的乡村建设。[②]

当然，综观整个民国时期的乡村建设运动，尽管从出发点和过程来看，晏阳初、梁漱溟等强调的从根本上挽救中国乡村的乡村建设并非空想，而且还取得了一定的成效。不过知识分子对它的批评与指责也是有一定依据的；其中的不同实际上是“中国的知识精英们在改造国家道路上的不同选择”。[③] 双方的出发点不同，视角不同，便有了相左的意见。在前者看来，挽救中国社会的关键是抓住国家的命脉——农民与农村，他们所怀有的仍是“民为邦本，本固邦宁”的民本主义理想；而后者认为这是一种复古的倾向，中国的发展需要向西方学习，以发展工业和都市来带动乡村的发展。

二 乡村建设领导人的矛盾与困惑

“农国论”者的乡村建设运动无论是从政治入手还是从教育入手，他们都是以解决中国乡村问题为目标的。他们一般不主张乡村建设运动与政府发生直接联系，希望通过乡村的自觉自治来完成对乡村的全新改造，强调乡村建设者应坚守社会运动的立场。然而运动开展中的实际困难使得乡建运动实现了“政教合一”，他们想依靠政权来实现他们改造社会的最终目的，但却被政权利用，沦为政府统治的工具，违背了乡建运动的初衷，其负面作用更是加重了后期乡建工作实施开展的难度，乡建运动最终没有出现“农国论”者所期望的圆满的结果。

---

① 曹康伯：《乡村建设的一个方面》，《独立评论》第 234 号，1937 年 5 月 16 日。

② 陈序经：《乡村建设运动》，大东书局 1946 年版，第 33 页。

③ 许纪霖、陈达凯：《中国现代化史》（第一卷 1800—1949），上海三联书店 1995 年版，第 469 页。

（一）梁漱溟乡建理想的落空

梁漱溟是20世纪二三十年代乡村建设运动的重要代表人物，他致力于乡村社会改造运动的理论和实践，对中国现代社会变迁产生了一定的影响。他的乡村建设是从政治入手的，偏向政治问题，然而梁漱溟并不主张乡村建设运动与政府发生直接联系，只是"从事实上去组织乡村，眼前不与政府的法令抵触末后冀得政府的承认"。[①] 他强调："既说社会改造，那就不应当接近政权，依靠政权"[②]，甚至"乡村建设的事，不但不能靠它，并且以它作个引导都不行"[③]。而事实是什么样子呢？无奈乡村建设实验权和财权一直仰仗国民党，梁漱溟又不愿与国民党发生直接冲突，因而最后乡村建设逐渐偏离了其理想设计，脱离了人民自治的轨道，落入了当局的控制之中。

1. 乡村建设运动初衷：不接近政权不依靠政权

梁漱溟认为，中国社会的支点重心向来在社会而不在政治，历史上的中国，其政治从来是消极无力量的，社会生活的进行从来不依靠它。作为民族自救运动之最后觉悟的乡村建设运动实际上是一种社会改造运动，"既说社会改造，那就不应当接近政权、依靠政权。为什么呢？如果（我们自己）承认现在的政权是一个革命政权，你所要完成的社会改造，也就是他所要完成的社会改造；那么，就用不着你再作什么社会运动改造了！你现在既作社会改造运动，则明明是你看他（现政权）改造不了。他既改造不了，你就应当否认他，你就应当夺取政权来完成社会改造！你既不否认他，而又顺随他在他底下活动；那么，你本身就失掉了革命性，又怎么能完成社会改造呢？你不但在他底下活动，而且依附于他，这怎么能完成社会改造呢？""如此结果下去，有让乡村工作行政化的趋势——乡村工作变成地方下级行政。乡村工作果真变成这样，那还有什么社会改造可谈呢？"[④] 而且，中国农村的现状表明，"中国现在南北东西上下大小的政府，其

---

① 梁漱溟：《梁漱溟全集》（第二卷），山东人民出版社1990年版，第393页。

② 同上书，第573页。

③ 梁漱溟：《乡村建设论文集》，济南华文局1934年版，第75页。

④ 梁漱溟：《梁漱溟全集》（第二卷），山东人民出版社1990年版，第573—574页。

自身皆为直接破坏乡村的力量”，所以，乡村此时无法再靠政权，只有乡村的自救了。进一步讲，乡村建设运动不但不能依靠政府，甚至以它作个引导都不行。因为“乡村建设天然是中国社会的一种社会运动，要靠乡村自身为主力。政府最贤明的政策，是间接地与这种运动以种种的方便，而助其成事；却不是政府包揽负责来做”，“社会一般人如果以此期望政府，便是增加乡村的破坏。政府如果真这样负责直接来做，便增添政治的纷扰，并且扰乱社会。”①

最后，鉴于当时中国的国权未立，不成其为国家的特殊情形下，乡村建设工作有自己独立自主的机会从事建设运动。“我们固无从循轨道以求政权，申达所志；也难实行革命，自己上台。”然而，在这种“政权是分裂单弱而不固定”的局面中，你唱罢后我登场，谁还挡得了谁呢？正是在这种散乱无序，没有一个统一政权的特殊形势下，乡村建设工作者才有独立自主的机会，能够自成体系地按照自己的意愿去实施建设计划，自己操控自己的实验工作，不受政权的控制。梁漱溟还认为，这样的好处是“人人皆得而为乡村运动者，则政权用不着顶要属于我，也就可以明白了”，“因为任何谁的政权，都没有妨碍我们乡村运动的必然性，却皆有跟着我们走的可能性”。②因此，梁漱溟强烈反对国民党现政权对其乡村建设的控制，力图把乡建运动搞成一个独立于国民党政府和其官僚政治的社会自治运动，即乡村建设之事，“必皆以本地人自为为归”。③

2. 乡村建设运动中的两个“两难”

梁漱溟到邹平进行乡村建设活动的目的是要探求改造中国的政治、解决中国的政治问题的。因此，如何把握政治并利用政治来解决中国问题也就是他要面对的问题。他认为解决中国问题，既要双管齐下把社会与政治结合起来当一件事来做；同时又要分开两步来解决政治问题，如果并两步做一步，也是错误的。所谓双管齐下把社会与政治当一件事来做，是因为社会与政治“彼此都是动的，而不是静的。

---

① 梁漱溟：《乡村建设论文集》，济南华文局 1934 年版，第 75—80 页。
② 梁漱溟：《梁漱溟全集》（第二卷），山东人民出版社 1990 年版，第 439—440 页。
③ 梁漱溟：《梁漱溟全集》（第五卷），山东人民出版社 2005 年版，第 376 页。

所以，不相顺则相逆；逆则只有它而不容有我了”。[①] 中国政治问题分两步解决，即是“在眼前应求一相当解决；在未来应求一根本解决”。“所谓政治问题的相当解决，就是指社会关系的一种调整，还说不上为某种政治机构的一时安立。因为社会崩溃到最后，任何一种政治机构也难形成于其上。”像国民党训政那样的制度，若能安立在上边，则中国社会早就不算是什么崩溃了。

然而，在乡村运动的具体实验过程中，事实却与理论发生了偏离。正如梁漱溟所说，“随着这新教育潮流而来的，还有两点可注意的事。一是现在流行的所谓‘政教合一’”，“还有一点，也同在流行着的是‘建教合作’”。“同时还有‘县政改革’一件事……留心时事的人，更可以看见最近学术机关和行政机关，彼此渐相联络，作着一些研究改革的事。”然而，“这是事实的演变要到这一步，你能怪得谁呢!”[②] 所以，1935 年 10 月，梁漱溟在《我们的两大难处》的讲演中说：“既说是社会改造，那就不应当接近政权、依靠政权”，然而，“高谈社会改造而依附政权，这是一个矛盾”。而所谓“政教合一”，就是一面借行政上强制的力量来办教育，一面拿教育的方法、教育的工夫，来推行政府所要推行的各项新政。“如此结果下去，有让乡村工作行政化的趋势——乡村工作变成地方下级行政。乡村工作果真变成这样，那还有什么社会改造可谈呢?”“我们所以与政府当分而不分的，实为中国社会改造运动不以阶级为背景，而是民族文化的改造。我们固然自负是革命的，政府也未尝不革命。”所以，“我们与政府是彼此相需的，而非不相容的。至于我们落到依附政权，则也有不得不然者。头一点，说句最老实的话，就是因为乡村运动自己没有财源”。既然自己没有财源，“就只好找政府了。找政府，除了为财源问题，还有权力问题。有不少事，都非借政权不办的。恰好政府他也要讲建设办教育”。在社会上乡村建设起来了，政府也随着做乡村建设。你总不能拦住他，不许他做。那么，这时候我们与政府又怎能

---

① 梁漱溟：《梁漱溟全集》（第二卷），山东人民出版社 1990 年版，第 437—438 页。

② 同上书，第 470—471 页。

分得开呢？所以，“你不能排除他，就要用他；不反对他，就要拉住他。否则，你就不算会办事；你就要自己吃亏，而于事无益”。说明白一点：“是我们用他呢？还是他用我们？倘使我们不能为主以用他，反而落倒为他所用，则结果必至完全失败”。

在乡村工作者与政府间的问题上，要做到不自毁前途，必须注意下列问题：第一，“我们要守定社会运动的立场，绝对不自操政权。这样，才能代表社会；唯能代表社会，才能形成一大力量。也有不上台，才可免于自身的分裂，完成乡村一大的统一联合。这是要紧的一点”。第二，“我们接近政权而使用它也无妨的，却须认清一个原则：就是要保持我们与它之间的一定比例平衡。社会上潮流声势起来一点，就无妨使用政权一点，总不要过了分；同时政府给我们的机会愈大，我们的领袖愈要退居政府之外，此即能保持平衡”。第三，“最好如丹麦民众教育之例，其工作机关（国民高等学校）只受政府津贴而不受政府干涉”。归结一句话，“我们与政府合作也不要紧，但不要因为与他合作而失掉了自己”。[①]

梁漱溟及山东乡村建设研究院的主要领导人几乎没有人有留学经历，他们虽然也接触过西方文化，但接触更多、受其影响更深的是中国传统文化[②]，以致他们对中国政治问题的认识传统的烙印很深。中国传统知识分子对待政治问题的立场，一般是作为道德的倡导者，意识形态的发言人，站在社会的前头，对社会、政治及统治者的治道加以评点乃至批评。梁漱溟认为，知识分子，尤其有资望的知识分子，若真有心救国，最好不要上台。坐在社会一面，隐持清议，比自己任一部长亲理行政的贡献要大得多。[③] 当然，梁漱溟等乡村运动者不仅仅是在野主持清议而已，还体现儒家的政治实践精神，是政治上的行动者、社会活动家。然而，在社会运动的实验过程中，他还是主张乡村运动团体要守定在野的营垒，自己不操政权。同时，从儒家的功利意识出发，梁漱溟又认识到在中国无权、无势、无兵，办不成大事，

① 梁漱溟：《梁漱溟全集》（第二卷），山东人民出版社1990年版，第573—584页。
② 郑大华：《民国乡村建设运动》，社会科学文献出版社2000年版，第467—468页。
③ 梁漱溟：《梁漱溟全集》（第二卷），山东人民出版社1990年版，第487页。

知识分子必须依附于一种权势力量，才有可能施展自己的抱负。所以，梁漱溟先投奔时任北伐后方留守总司令的李济深，欲借重李的权势实现他的政治思想——乡村自治。无结果，后又依附山东省政府主席韩复榘开展乡村建设活动，这正是梁漱溟希望利用政权来进行乡村建设的政治目的。他认为与政府合作，说白了就是孰宾孰主的问题，是我们用他还是他们用我的问题。就算与政府合作也不要紧，要紧的是因为与他合作而失掉自己。譬如，他在山东依附韩复榘开展乡村建设活动的前提是：首先韩对他的乡村建设的设想和要求都表示支持，并且以后山东乡村建设研究院的实际工作计划、机构、规模等等，都是他们自己定的，韩始终未加过问。[①] 他的立场是，只接受政权的支持和政府的津贴，而不受政权的干涉。

3. 乡建理想的落空

作为一个睿智的哲学家，梁漱溟希望以此本真儒家人生指点世人，使世人解除人生烦闷；作为一个现实的政治家，梁漱溟又忧虑中国政治、经济的走向毁灭。因此，“一方面他迫切希望振兴中国经济，一方面又急于宁乱息战，重建政治秩序”。[②] 梁漱溟在主观愿望上极力想把乡村建设搞成一个独立的社会运动，并通过它改变政治、经济、文化现状，实现一个符合其人生、中国两大问题追求的理想社会，但这种主观愿望在实践中未能得到实现。由于梁漱溟乡村建设所需的财权和政治上的实验权都不能不仰仗现政府，所以梁漱溟的乡村建设难以保持自己的独立和清白。它要生存，就不得不依附现政权。梁漱溟也意识到了这一点，对其乡村建设推行中出现的“依附政权”现象除了表示遗憾外并没有加以全力制止。相反他辩解道：“你不能排除他，就要利用他；不反对他，就要拉住他。否则，你就不算会办事；你就要自己吃亏，而于事无益。现在的问题不在应分应合（因为分也分不到哪里去，合也合不到哪里去，）乃是孰为宾，孰为主的问题。说得明白一点，是我们用他呢？还是他利用我们？”[③] 为了实现

① 汪东林：《梁漱溟问答录》，湖北人民出版社 2004 年版，第 79 页。

② 高国舫：《梁漱溟的乡村建设和国民党》，《中共浙江省委党校学报》2005 年第 2 期。

③ 梁漱溟：《梁漱溟全集》（第二卷），山东人民出版社 1990 年版，第 580—581 页。

自己的乡村建设理想，梁漱溟不愿与国民党现政权发生尖锐冲突，所以在其乡村建设实践中，他不但不致力于反对国民党现政权，相反事事都力求不与政府法令抵触，希望获得政府的承认。甚至为了避免国民党政权的不安与猜忌，一再声明不作政权之想，不多谈土地问题。梁漱溟的乡村建设幻想摆脱国民党政权控制，但又希望借助国民党政权力量推进其乡村建设；他希望改变国民党政权的政治、经济、文化现状，建立理想社会，但由于不愿发生直接冲突与对立，因此事实上又不得不屈从国民党政权。

梁漱溟指责中国共产党最大的错误在于盲从不合中国实际的缺乏生命力的外国理论。他甚至曾激愤地认为共产党的阶级斗争和武装革命破坏人情和谐，批评共产党领导的土地革命是以利诱人，可能使中国的农民沦为一切为了“土地、租谷、钱财”的拜金主义者。为了遏制共产党的农民运动在中国土地上的蔓延，梁漱溟在其乡建理论中提出解决之道，“在积极的有所替代”，即以乡建运动取代共产党的农民运动，“在消极的有所防止”，即通过乡村建设给农民以儒家人生教育，使之不为共产党的宣传所动。梁漱溟乡村建设中这种激烈地反对共产党倾向对其时正为共产党农民运动大伤脑筋的国民党来说正可谓雪中送炭，梁漱溟站在中间派立场，又戴着学者头衔，他对共产党的攻讦在社会上所起的影响远胜于国民党自身对共产党的批判，同时，他以乡村教育消除共产党的方式确也正弥补了国民党军事围剿共产党的片面性。因此，国民党对梁漱溟的乡村建设表示了特别欢迎，蒋介石 1932 年亲自电邀梁漱溟南下商讨他的乡村政权的改革方案，“以备湘鄂赣各省之采用实施”。① 韩复榘主动提供乡村建设实验区域，“请梁漱溟帮助，防止共产党侵入”。②

梁漱溟的乡村建设很大程度上使困扰国民党多年的治安问题得到缓解。梁漱溟的乡村建设以“德业相劝、过失相规、礼俗相交、患难相恤”为基本内容，通过监督、连坐和道德感化等方式杜绝乡村内部

① ［美］艾恺：《最后一个儒家》，湖南人民出版社 1988 年版，第 244 页。
② 《梁漱溟思想批判》，生活·读书·新知三联书店 1956 年版，第 205 页。

土匪的产生，掐断土匪与乡村内部不良分子的勾结；对农民实行军事轮训并成立一支由本地农民组成的常备军，抵御土匪乱兵侵掠，在梁漱溟乡村建设推行的地区，匪乱不近，盗贼不兴，从而维护了国民党政权的稳固。梁漱溟的乡村建设一定程度上还解除了国民党对经济问题的焦虑。梁漱溟的乡村建设致力于农村经济复兴，举办农事试验场，进行品种改良试验，推广各种农业技术，建立农业生产合作社以发展生产，成立信用合作社以吸收城市剩余资金输向农村，创建运输合作社以保护生产者消费者不受中间商人盘剥。通过这些措施，农村经济有了一定发展，农村阶级关系有所缓和，从而减少了对国民党上层建筑之潜在和现实的威胁。梁漱溟乡村建设用教育方式软性说服，从而使国民党的一切政治事务诸如军阀拉夫、派款、派枪等实施起来大大减少了来自农民的阻力。梁漱溟在山东创立乡村建设研究院、乡村服务人员训练部和各种乡村师范，前后培训四千余人，事实上为韩复榘提供了大批的基层干部。同时广泛实行民众训练，强迫农民购买枪支，又为韩复榘提供了大量军事后备力量（这一点韩复榘大为赏识）。由于梁漱溟的乡村建设对巩固国民党政权的强大功效作用，因此，国民党政权对梁漱溟的乡村建设给予了很大支持。政府允许梁漱溟乡村建设可以不必完全执行政府法令，让其拥有较大的实验自主权，并提供远远高于未从事乡建运动地区的财政拨款作梁漱溟推行乡村建设之费用，并赋予乡村建设研究院推荐各级行政军事官员和参与决策山东国民党地方政权政治的权力，使乡村建设研究院获得“第二省府”之誉。与此同时，不断扩大梁漱溟乡村建设实验区的面积，“七七事变”前，山东全省 107 个县中，有 70 多个县都成为梁漱溟乡村建设实验县。

但是，尽管如此，国民党政权并没有因此忽视梁漱溟乡村建设最终目的与国民党政权的自然冲突。国民党的批评家指责梁漱溟是一个不现实的儒家道德主义者，不懂官僚主义和政权的现代需要。国民党给了梁漱溟乡村建设的实验权和财政资助，但同时又以此为“紧箍咒”，牢牢控制梁漱溟乡村建设，使之不至于偏离国民党政权对它的期望轨道。为了避免梁漱溟理想社会的实现，国民党山东政府不惜以高官相诱，诱使梁漱溟乡村建设运动的大批骨干背叛梁漱溟的乡村建设理想，进入国民党地方政权，成为维护国民党政权的骨干力量。从根本上说，国民党对梁漱溟乡村建设的支持是基于对官僚势力的崇仰，其目的是希望通过梁漱溟乡村建设把政权深入到乡村，建立从中央、省到基层农村完整的官僚政权体系。因而，国民党对梁漱溟乡建运动所致力的地方自治、组织发动农民等深感恼火，因为农民觉悟和农民运动对于国民党政权及其官僚统治明显是一个威胁。国民党中央委员会特派员李宗黄在参观邹平后就明确地指出，希望梁漱溟及其同仁“不要违背国民党的思想体系和中央政府的法令”，警告梁漱溟其乡村建设发动农民的方式在某种程度上已走向了与共产党农民运动的同一化。国民党政权既想利用梁漱溟乡村建设，又要尽力防止其对国民党政权的负面效应；既赞赏梁漱溟乡村建设对国民党政权的维护作用，又强烈批评梁漱溟乡村建设的理想化追求（见图4－5）。

图4－5　1938年1月，梁漱溟带着诸多困惑和问题第一次来到延安。21天时间里，毛泽东与他有过多次交谈。告别时，梁漱溟将他新出版的数十万字的著作《乡村建设理论》送给毛泽东

梁漱溟希望乡村建设在依附国民党政权的同时不至于影响其乡村

建设理想的实现，他希望：其一，乡村建设干部保持人格、行动的独立化。其二，国民党政权不要过分控制乡建运动。但首先，乡村建设干部较之具有政治、经济、军事大权的国民党政权，其实力悬殊是显而易见的，乡村建设干部一旦同国民党政权发生联系或在国民党政府内任职，除了忠实地执行国民党的意志外，别无他途。他们往往不能，有时也不愿保持其人格、行动的独立化。其次，国民党为了维护自己的利益和追求，必然要牢牢控制梁漱溟的乡村建设，使之服务于国民党政权建设，梁漱溟寄希望于一个与自己理想目标决然对立的国民党政权，无疑是与虎谋皮。梁漱溟希望广大乡村建设干部作为本真文化的载体负责领导教化之责，通过这些人的努力使本真儒家人生深入人心并外化为行动准则，从而建立一种新社会秩序——新礼俗制度。但是大批乡建运动干部参加梁漱溟的乡村建设带有浓重的功利色彩，他们无法领悟也不想领悟梁漱溟对他们的期望，他们加入梁漱溟的乡村建设运动，与其说是为了推行梁漱溟乡村建设的理想，不如说是看中了国民党政权对梁漱溟乡村建设的重视与支持，指望借乡建运动之名谋自己升官发财之实。[①] 乡建运动在他们看来只是一种职业，这些人在思想行为上本身已背离了本真儒家文化精神，又怎能指望他们去推广本真儒家文化精神呢？

由于梁漱溟乡村建设依附国民党政权，不敢与国民党政权对立，企图在维系国民党统治的前提下进行乡村改造，不触动政权就无法实现中国农村状况的根本好转，这决定了梁漱溟乡村建设解决中国政治问题的必然失败，也必然会导致梁漱溟乡村建设解决中国经济问题的失败命运。因为在梁漱溟乡村建设方案中，经济问题的解决是“视乎政治条件”[②] 的。梁漱溟乡建运动之“以农促工”规划中，主张把为“工业根本”的那些工业如动力、钢铁、建材等交由国民党政府统筹规划，为了不致引起国民党的反对，对国民党之主要经济基础——地主土地所有制不敢作丝毫触动，继续维护地主的政治、经济地位。因

① 马伯援：《今日农村运动的问题》，《民间》半月刊第五卷第十一期，第108页。

② 梁漱溟：《梁漱溟全集》（第四卷），山东人民出版社1993年版，第911页。

而，梁漱溟乡村建设尽管举办了各种农业、信用、运输等合作社，但地主很快凭借自身的政治、经济优势控制了它们，并使之为他们所用，从而更进一步扩大了地租、高利贷剥削。无疑，梁漱溟乡村建设事实上增强了国民党及其基础——地主——对农村经济的控制。梁漱溟乡村建设高喊发动民众，但把发动民众的希望主要地寄托在国民党在地方的支柱——乡绅、地主身上，让他们充当其乡村建设的基层机构——乡农学校（或乡学、村学）的领袖，具体负责发动民众工作。但是广大农民看到学校（或乡学、村学）的领袖即是从前的乡绅、地主，是“决不会把乡学、村学看成是自己的东西”① 的，因此，梁漱溟乡村建设与广大农民联系的桥梁终究搭不起来。而且，梁漱溟乡村建设为避共产党嫌疑，反对以“废苛捐、平分土地”为号召动员农民，而土地问题与苛捐实在是农民“痛痒”之所在，不抓住农民的“痛痒”，梁漱溟乡村建设始终无法抓住农民的心，结果，梁漱溟乡村建设出现了“号称乡村运动而乡村不动”② 的结局。

（二）晏阳初乡建运动的转向

凡谈到晏阳初的乡村建设运动，就必然提及定县实验。人们对定县实验的认识大都是围绕着平民教育的具体内容——四大教育来展开的，殊不知，定县乡村建设运动是在一个相当复杂的政治环境中运作和推行的，这种复杂的政治环境催生了县政改革，乡建运动还是成为政治的附庸物。

1. 晏阳初定县实验的独立性

定县实验从1924年到1932年这一时期内，晏阳初率领平民教育促进会（以下简称“平教会”）所做的努力都是自下而上的，也是独立的、学术性的研究工作，没有与政府发生任何关系。因为，最初他以为不用政治的力量，单靠学术的力量可以制定出制度，建立起模范县，再用演示的方式就可以将经过实验所获得的乡村教育和乡村改造的制度、方法在定县推广，乃至推广全国，最终实现改

① 钟离蒙、杨凤麟编：《中国现代哲学史》资料汇编（第二集第八册），沈阳人民出版社1982年版，第51页。

② 梁漱溟：《梁漱溟全集》（第二卷），山东人民出版社1990年版，第573页。

造乡村的愿望。即通过文艺、生计、卫生、公民四大教育提高乡村平民的素质，从而促使政治的变革。然而，实际情况并非如他想象得那么简单。

虽然平教会通过以村、区、县为单位的研究实验，明确了用四大教育培养农民的知识力、生产力、强健力、团结力的具体目标、方法和制度，并通过平民学校的方式培养了一批深悟乡建理念同时又具有实际操作能力的乡建骨干，但晏阳初及同仁们面临的一个新的、更重要的问题是如何做推广和实施的工作。这是乡村教育与乡村建设的目的是否能够达成的关键问题，显然，要进行推广和实施的工作，仅靠自下而上的学术性工作和教育培训工作是不够的。众所周知，社会政治的功能，是越来越多地统一使用和控制人力和物力，以保证日益提高社会成员的动员程度，提高社会资源的运用和分配能力，把随着知识增长、技术进步而出现的各种经济可能性迅速变为现实。如果现实社会中的社会政治没有体现出以上功能，则再好的社会改造计划也是无法实施的。社会改造需要教育与建设，但如没有好的政治，将一事无成。

在实际工作当中晏阳初已省悟到当初没有注意到政治改革的重要性，这是自己认识上和行动上的不足之处。因此，此时的晏阳初，已不仅仅注重从学术研究的角度去考虑改造社会的问题，亦开始注意学术与政治的关系，把目光转向政治改革问题。他所倡导的平民教育运动，从识字教育到乡村教育，进而又把县政改革作为乡村建设的重要步骤提到议事日程上来。

2. 国民政府对乡建运动的关注

1930年，国民政府首次把开展民众教育问题列入国家的法规当中，表现出为“训政建国”而推进民众教育的愿望。晏阳初立即表示在推动乡村教育方面愿与政府合作，并且从1931年起，他就开始积极去说服蒋介石政府，希望从政府的角度切实地对民众教育投入更多的人力、物力和财力。定县实验所取得的显著成绩也开始引起国民政府的重视。1931年春晏阳初到奉化县溪口镇参观，并指导当地的乡村建设。晏阳初随后返抵南京，国民政府决定从溪口镇选派人员赴定县接受训练。随后，晏阳初又被邀请到中央军校高级班作平民教育专题的演讲，与会者赞许定县实验，称平教会所做的平民教育工作是实现三民主义的基本工作，并决定选派教官赴定县受训。①

1932 年，国民党政府内政部在召开第二次内政会议之前派员赴各省视察，甘乃光次长视察了华北农村实验中心。其间，他用四天的时间考察了定县的实验工作，切实感到为了促进并加速定县制定的乡村建设计划的执行，有必要重建县政府机构。同年 12 月，国民政府的内政会议在南京召开，晏阳初、梁漱溟等从事乡村工作的人士也应邀参加。县政改革是这次内政会议的中心议题，甘乃光基于考察定县所得到的启发，提出各省设立县政建设研究院及实验县的计划，获得各省代表一致赞成。1933 年 8 月，内政部下令，在省政府管辖下成立实验县，从事乡村复兴工作。是年秋，江苏省江宁县、浙江省兰溪县、山东省邹平县和菏泽县、河北省定县等实验区先后设立。② 到 1937 年成立实验县的有江苏、浙江、山东、河北、云南、贵州、湖南、湖北、山西及察哈尔等 14 省。这些实验县的成立虽说是来自定县实验的影响，同时也是政治力量推进的结果。

3. 晏阳初的县政改革

定县实验进行了数年以后，晏阳初开始认识到：“欲将研究所得的（经验）推广出去，则非借助政府的力量、政治的机构不可……研究与实施根本上是相异的，我们感觉学术与政治打成一片，然后实施才可以行得通。政治须学术化，学术要实验化。如单单研究，做几本研究的报告，则无需要政治的力量。倘要把研究的结果，施行于民间，使成为民间生活的改造，民间生活整个的一套要素，则非借政治的力量不可。”③ 这时他甚至肯定地说：“中国整个的基本问题可以说是县地方政治。”县政作为最直接与人民生活发生关系的基层组织，而当前中国政治已腐败到如此地步，即使研究实验出再好的教育与建设计划，也难实施与推广。所以，县政改革已是当务之急。晏阳初认

① 参见毛应章《定县平民教育考察记》，南京刊，1933 年。

② 参见李宗黄《考察记实》，正中书局 1935 年版。

③ 晏阳初：《晏阳初全集》（第一卷），湖南教育出版社 1989 年版，第 388 页。

为，改革县政最有效的方法就是“学术政治化，政治学术化”。

1932年，晏阳初开始尝试自上而下的县政改革，他积极谋求与国民政府合作，在保持学术上的独立性的同时亲自参加到政府机构中去，做改革政治的工作。试图通过“政治学术化”，“为研究实验上取得一种方便，其结果将（乡村教育与建设）引到又一阶段去，这又一阶段就是政府推进的阶段”。[①] 所以，不管是自下而上还是自上而下，都是运作方式的问题，目的始终只有一个——“除文盲，作新民”。这在当时，作为一个知识分子，在不愿意走暴力革命道路的情况下，所能采用的最好的社会改造手段。他强调改革县政，是为了推动乡村建设计划的实施，因为“实验运动若止于实验工作，那就毫无意义了。它往后一定要有进一步的发展而引到另一阶段去，始有它的功用和价值”。[②] 晏阳初所说的第二阶段的工作就是：把通过学术性的研究实验获得的具体办法，在“政治学术化，学术政治化”的局面下加以推广。通过研究实验所获得的具体办法，只有“到了这个阶段才能完全付诸实施而见更大的功用”。[③] 可见，晏阳初把县政改革看作是实验运动能否达到最后目的之关键所在。乡村建设运动走到这一步，已不得不与政府发生关系。显然，第二次内政会议的召开及有关乡村建设问题的一系列新规定的制定，使县政改革得到了法律上的认可与保证。此后，县政改革的具体实施是以晏阳初所提倡的“政教合一”为原则的。

全国内政会议结束以后，河北省政府率先于1933年春，成立了河北省县政建设研究院（以下简称研究院）。研究院的构成与功能如下：调查部收集有助于制度、建设计划等制定的经济和社会等方面的情报资料；研究部研究乡村建设的政治、社会和行政等方面的问题。再根据研究的结果制订执行建设计划的程序；实验部首先以定县为实验地区。检验建设计划和县政府机构是否合理；训练部为推行省的建设计划，培训行政和技术人员。

---

① 晏阳初：《晏阳初全集》（第一卷），湖南教育出版社1989年版，第564页。
② 同上书，第563页。
③ 同上。

鉴于平民教育运动已打下的基础和已获得的经验，研究院将院址选在定县，由省政府提名、内政部任命，晏阳初被聘为研究院主席。平教会其他有经验的人员也被聘为研究院的工作人员，在研究院中担任了相应的负责工作，同时，在平教会的工作也仍然继续兼任，可以说，平教会几乎承担了执行研究院计划的全部责任。充分地体现了平教会与研究院之间密切合作的关系，但他们各自都是有独立地位的。对于这一点，晏阳初十分强调，绝不暧昧。在谈到研究院与平教会的关系时，晏阳初指出：“平教会不是一个机关，乃是一个私人学术团体。平教会与研究院在法律上、经济上没有关系，然而，在实际工作上却有很密切的合作关系。”①

为了保持自身独立的学术地位，而不被政府所操纵，不管平教会在经济上如何困窘，晏阳初始终坚持经费的独立核算。自己虽担任研究院的主席，但没有从政府处领取任何名目的薪金。至于河北省府在定县设立之县政建设研究院，在经费上与平教会毫无关系。平教会同仁在研究院兼职者也都是义务性质的，不从政府那里领取任何报酬。研究院属于政府机关，经费由省政府财政预算上来解决，虽每月经费仅有五千余元，但平教会合法地参与其中，以学术的力量影响政治，可借助于其行政上的地位和有限的经费，发挥推进乡村建设计划的效应。

为了加强学术与政治的结合，平教会又于 1934 年 4 月联合研究院组成了一个“学术讨论会”，由瞿菊农担任讨论会主席，每月举行一次谈话会，“以收互相切磋、彼此砥砺之效”，培养学术兴趣，交换工作经验，建立共同思想，使政治学术化，学术政治化成为可能。

晏阳初对县政改革寄予很大的希望，他以为现在所做的县政改革与建设是一种由上而下的工作方法。其一定要与乡村教育这种自下而上的工作方法相辅而行，一面用教育力量改变人民生活习惯，构成改造的条件；一面用政治力量使一切环境有助于使教育发生效果。而

---

① 晏阳初：《晏阳初全集》（第一卷），湖南教育出版社 1989 年版，第 344 页。

且，他坚信这种“政教合一”的方式一旦在全国真正应用，“农村建设以至民族复兴一定有一个光明、灿烂、伟大、宏远的前程!”①

4. 县政改革的终止

然而，县政改革能否成功并非是由晏阳初的主观意志所决定的，是否具有和平的社会环境，国民政府的支持是否能够维持下去，这些都是至关重要的因素。

最初，晏阳初对国民政府的确是抱有很大希望的，国民政府也对他们的工作十分重视，并给予他们种种便利。但由于局势的急剧变化，研究院的经费越来越少，几乎“山穷水尽”。而且随着国民政府采行保甲制度，加强控制地方，关于民众的组织工作竭力避免国民党外人士介入，更使县政改革举步维艰（见图4－6）。

图4－6　1935年，从事乡村建设运动的同仁合影于邹平。前排左一为梁漱溟，右二为晏阳初

1936年，晏阳初、梁漱溟曾亲自去见蒋介石，劝他放弃内战和一党独裁的政策，积极做组织民众、训练民众的工作，但并无效果。②晏阳初无可奈何地说：“政府对于本会的工作向来也是非常同情与赞

① 晏阳初：《晏阳初全集》（第二卷），湖南教育出版社1992年版，第320页。

② 梁漱溟：《梁漱溟自述》，漓江出版社1996年版，第312页。

助的，并且十余年来，我们也曾多次与政府合作，尽本会的力量帮政府的忙。不过当此内忧外患，山穷水尽的时候，政府也碍难给我们经济上的助力。虽然如此，这种农村生活改造的基本工作迟早要有政府的经济后盾方能继续进展。”[①] 可见晏阳初为了在全国彻底推行乡建运动，对政府仍寄予很大的期待。但随着内外交困的加剧，国民政府采取“安内攘外”的政策，把主要的力量用在反共和对付内部派系斗争及外来侵略上，越来越无暇顾及乡村建设问题。当初，在推行民族复兴运动时提出的“管、教、养、卫”这一社会建设的计划也并未真正实行。正如晏阳初所指责的那样：“管、教、养、卫是近年来政治改革的理想，而朝着这个方向去干的，至多不过做到一个‘管’……而教、养、卫的县政，茫茫全宇，哪里去找啊！”[②] 当时，所谓“管”，主要体现在保甲制度的强化上，国民政府通过强化保甲制度，加强了对户口及土地的管理和控制，使人民的生活，完全被纳入“剿共”与“加强治安”的轨道上去了。加之，1937 年日本开始大规模入侵华北地区，由于战争已迫在眉睫，平教会不得不全部从定县撤出。致使晏阳初经多年探索创造出的改造社会与建设社会的计划，随着定县这一基地的丧失而无法再继续实验下去。

晏阳初及同仁在定县所进行的县政改革是以与政府合作为起点的，又是由于失去国民政府的合作而难以继续进行，最后终因抗战的爆发而终止。这说明教育作为改造社会的手段，是需要有一定的条件和客观环境做保证的。一旦失去了必要的条件与环境，再好的教育方法和内容也是无法发挥其应有的社会功能的。

总的说来，不管梁漱溟还是晏阳初，在主观意图上虽然都不想接近或依靠政权，然而在实际建设过程中都想利用政权来实现他们改造社会的最终目的，使社会运动有一个更圆满的结果。但在实际建设过程中，梁漱溟和晏阳初最终都是被利用了。因为他们都是在不触动现有政权的基础上进行的一种社会改良运动，所以，客观上乡村建设运

① 晏阳初：《晏阳初全集》（第一卷），湖南教育出版社 1989 年版，第 345—346 页。
② 晏阳初：《晏阳初全集》（第二卷），湖南教育出版社 1992 年版，第 49 页。

动在一定程度上为国民党政权稳固了乡村局势，从而起到了稳固国民党政权的作用。

国民党当局对乡村建设的支持和反对都以自己的统治利益为中心，他们对乡建运动总的原则是“限制和利用”，并且根据不同的形势时刻在改变自己的态度。如在看到梁漱溟后期荷泽等地乡建运动逐渐变质，消除了对国民党政权的威胁后，国民党政权对梁漱溟乡村建设反而逐渐采取了坚定的支持态度，不但没有进行打击，反而让其发展、扩大。乡建运动后期，国民党政权先后压制了晓庄陶行知、河南镇平彭禹廷、浙江萧山沈定一等人从事的乡村建设运动，缘由就是这些乡建运动的“进步苗头”“亲共倾向”“公开反抗国家”等“不良发展趋势”让国民党政权很不放心或者是闹心。而有政府和军方背景的卢作孚在四川北碚的乡村现代化实践开展得顺利蓬勃、成绩斐然，和当局的极大支持密不可分。

1927 年 3 月，卢作孚出任江（北）、巴（县）、璧（山）、合（川）四县特组峡防团务局局长。这个峡防局，只是一个“治安联防机构，不具有地方政权性质”①，但卢作孚却借此机会在这里开展了以北碚为中心的嘉陵江三峡地区 30 多个乡镇的乡村建设运动。仅十数年间，就使北碚这样一个昔日贫穷落后、交通闭塞、盗匪横行的小山乡，变成了一个名震中外的美丽城市。当全国曾涌现出的大大小小 600 个左右的乡村建设团体和 1000 个左右的实验基地由于各种原因在抗日战争爆发后夭折，唯有卢作孚主持的以重庆北碚为中心的嘉陵江三峡地区的乡村建设一直持续到 1949 年，并取得了中外瞩目的成就。也不知道是不是因为这一点，许多有关乡建的论著都没有把卢作孚的北碚乡村现代化建设视为中国乡建运动的一部分，害得著名学者刘重来多次表达自己的不满：“然而不得不说，卢作孚在嘉陵江三峡地区推行的乡村建设运动以及他的‘乡村现代化’思想与实践，在中国现代史上，在中国乡村建设史上，至今没有得到充分的评价和肯定。如一部名为《民国乡村建设运动》的书，洋洋

---

① 《重庆市北碚区志》，科技文献出版社重庆分社 1989 年版，第 1 页。

洒洒近45万字，详述了民国时期晏阳初、梁漱溟等人的乡村建设，却无一言一语提到卢作孚的乡村建设，这是很不公道的。”[①]“但令人遗憾的是，这些年研究民国时期乡村建设的论著，都几乎忽略了对卢作孚乡村建设的研究。《中国大百科全书》中《乡村建设论》词条，在论述到中国乡村建设代表人物时，只提了晏阳初、梁漱溟，而没有提卢作孚；在论述乡村建设实验区时，也只提了河北定县和山东邹平，而没提重庆北碚。有些论著，如鲁振祥《三十年代乡村建设运动的初步考察》（载《政治学研究》1987年第4期）一文，提到了‘影响较大’的几个乡村建设团体和代表人士，也只字未提卢作孚，这是极不公平的。”[②]

第四节　关于乡建运动的评价

20世纪二三十年代随着乡村建设运动的开展，赞扬、支持、鼓励铺天而来，到几个中心实验区参观学习的人群应接不暇，平教会甚至需要刊登广告限定接待参观的时间；政府对乡建实验也给予了相当的肯定，1932年第二次内政工作会议后，建立县政实验县取得了合法性，官方还直接出面建立了江宁、兰溪实验县的乡村建设运动，难怪梁漱溟这样有信心，“近日朝野上下都已注意到乡村建设”[③]，乡村建设运动“无疑地形成了今日社会运动的主潮”[④]。

乡村建设运动是“中国农村社会发展史上一次十分重要的社会运动”[⑤]，并认为对今日的农村治理具有重要的借鉴意义[⑥]，甚至有学者模仿当年的做法开展新乡村建设运动，试图为当代的三农问题求解。

---

① 刘重来：《论卢作孚“乡村现代化”建设模式》，《重庆社会科学》创刊号。

② 刘重来：《论卢作孚乡村建设之路》，《西南师范大学学报》1998年第4期。

③ 梁漱溟：《梁漱溟全集》（第一卷），山东人民出版社1989年版，第603页。

④ 参见《自叙》，许莹涟、李竞西、段继李编述：《全国乡村建设运动概况》第1辑（上册），山东乡村建设研究院，1935年。

⑤ 于建嵘：《乡村建设运动对农村政治结构的影响——对湖南省衡山县的实证研究》，《衡阳师范学院学报》2002年第4期。

⑥ 参见徐秀丽《中国农村治理的历史与现状：以定县、邹平和江宁为例》，社会科学文献出版社2004年版。

然而，对于乡村建设运动的评价，“在当时就截然两歧，赞同者认为它找到了改革农村的方案，代表了中国发展的希望和方向，批评者却认为乡村建设运动以温和的手段从事枝节的社会改造，不可能解决根本问题，‘空而无用’”。就在社会主义建设新时期的今天，“学术研究回归常态之后，当年的两歧评价依然存在，主要观点也似乎并不比当年更为深刻。因此，无论是从现实关怀出发，还是以学术求真为尚，这一涉及领域广阔、具有极强实践性，并体现着传统与现代、东方文明与西方文明、官方与民间相为扭结交汇的社会运动，必将继续吸引人们关注的目光，它的价值、它的意义也必将继续众说纷纭”①。

一　不足和局限性

轰轰烈烈的乡村建设运动，在“农国论”的指导下，尽管开展得有声有色，规模宏大，但也存在着一些不足和局限。普遍认为，1937 年“七七事变”，抗日战争爆发，中国各地的相继沦陷导致了“乡村建设运动”的被迫中止。有学者却以梁漱溟为例，认为邹平试验的“乌托邦”未得善终，“政治、军事形势的恶化只是表层的原因”，而“头一点是高谈社会改造而依附政权；第二点是号称乡村运动而乡村不动”，才是问题的要害。“‘依附政权’是‘乌托邦’得以实际运行的前提，而‘乡村不动’‘则是乌托邦’空想实质的必然后果。”② 具体则是：

第一，乡村建设运动的社会改良性质，使得它只能解决中国农村问题的细枝末节，而不是根本，导致乡建运动是“号称乡村运动而乡村不动”。

兴起于 20 世纪二三十年代的乡村建设运动，尽管参加的团体众多，情况较为复杂，但就其基本性质而言，它是一场社会改良运动，即在维护现存社会制度和秩序的前提下，采用和平的方法，通过兴办教育、改良农业、流通金融、提倡合作、改善公共卫生和移风易俗等

---

① 徐秀丽：《民国时期的乡村建设运动》，《中国现代史》2006 年第 10 期。

② 何晓明：《返本与开心——近代文化保守主义新论》，商务印书馆 2006 年版，第 230 页。

措施，以复兴日趋衰落的农村经济，实现所谓“民族再造”或“民族自救”。孙冶方在批评乡村建设运动的这种改良性质时曾指出：“一切乡村改良主义运动，不论它们的实际工作是从哪一方面着手，但是都有一个共有的特征，即是都以承认现存的社会政治机构为先决条件；对于阻碍中国农村，以至阻碍整个中国社会发展的帝国主义侵略和封建残余势力之统治，是秋毫无犯的。”而当时“促成中国农村破产的主要因素便是帝国主义和封建残余势力之统治……要挽救中国农村之崩溃，并建立农村改造的必要前提，必定先要铲除这两种制度”。① 但乡村建设运动者们对中国社会（农村）的基本认识是，中国社会（农村）存在的根本问题“并不是什么旁的问题，就是文化失调”（梁漱溟观点），或者是“愚、穷、弱、私”（晏阳初观点）。毛泽东指出“国民革命需要一个大的农村变动”，而变动的根本是土地问题。没有解决这个问题，乡村建设运动就没有抓住中国农村问题的症候。不平等的国际经济关系下，乡村工作者费了九牛二虎之力所增加的收获，一旦国外农产品倾销，就不可能转变为农民收入的增加。

更让人感到沮丧的是，貌似强大的“乡建运动”在残酷的现实面前对农村经济破产的挽救作用微乎甚微，甚至各实验区经济的衰落程度还有了进一步的加深。如河北定县：主要农产品价格：1933 年比 1930 年跌落了 40—60 个百分点；田地价格：1934 年比 1928 年普通有井地从每亩 120 元下跌为 25 元；农民借债：1931 年比 1929 年借债户增加了 78%，借债次数增加了 117%，借债数额增加了 133%，1934 年借债户达到 46000 户，占全县总户数的 67%；农民生活状况：1929 年前定县的乞丐很少，到 1933 年冬增至 3000 人，1933 年冬定县吃不起盐的约占总人口数的 20%，1931 年因还不起债而被债主没收家产的不过 50 户左右，1933 年达到 2000 多户；农民流离：1930 年前每年约在 700 人左右，1934 年三个月就超过了 15000 人。定县在

① 孙冶方：《为什么要批评乡村改良主义工作》，《中国农村》第 2 卷第 5 期，1936 年 5 月 1 日。

所有乡村建设实验区中实验的时间最长（1926—1937年），投入的资金和人力最多（据其领导人晏阳初的报告，仅1933年平教费报入的经费就达到386422元，职员224人），影响最大，成绩也最突出。定县尚且如此，就更不用说其他实验区了。① 于是其行动在得到农民的真心拥护和积极参与方面就打了折扣，这是运动中出现“农村不动”难局的根本原因之一。

乡村建设实验由于经费紧张，有的地方就采取了向农民摊派的办法。这就会引起农民对乡建运动的冷淡。再者，在政治上，虽然有的地方把传统的农村基层政权如乡（镇）公所撤销了，代之以“乡学”“村学”等实验名词，但实际上并没有改变地方政权的性质，农民不可能在政治上翻身，仍然要遭受地主阶级的剥削压迫。难怪“乡村不动”！

第二，“政教合一”的归途是把乡建运动带入了农民与政府的夹缝中尴尬生存，违背了乡建运动的“自治”初衷。

运动初期，由于乡建工作者大都本着“教育救国”的思想，参加乡村建设运动的主要是一些教育和学术团体以及大中专院校，如中华职业教育社、中华平民教育促进会、山东乡村建设研究院、北平燕京大学、南京金陵大学、济南齐鲁大学、江苏省立教育学院等。这些教育和学术团体以及大中专院校在建立实验区、从事乡村建设实验的过程中，除山东乡村建设研究院得到过山东省政府的资助外，一般都很少和官方发生直接联系，他们既不反对官方，触及官方的根本利益，也很少主动与官方合作，利用官方的政治力量来推进乡村建设事业，只“很想用教育的力量提倡一种风气，从事实上去组织乡村，眼前不与政府的法令抵触，末后冀得政府的承认”。② 在与官方保持一定距离的情况下，单纯依靠自己的力量进行实验，但由于得不到地方政府的支持，以致有时举步维艰。在1932年国民政府第二次内政会议后，各地乡村建设运动开始得到政府的支持和资助。由此，乡村建设运动

① 郑大华：《关于乡村建设运动的几个问题》，《史学月刊》2006年第2期。

② 梁漱溟：《梁漱溟全集》（第二卷），山东人民出版社1990年版，第393页。

由纯粹的民间行为走上了与政府合作的方式，即“政教合一”的道路。

所谓“政教合一”，“其内容就是：办社会教育的机关，藉政府力量施行他的社会教育；而政府则藉社会教育工夫，推行他的政令”。说得更简单些，就是从事乡村建设的教育机关与国民党各级政权合作，共同推行乡村建设运动。由于乡建运动从此打上了官方的烙印，也带来了另一个问题。即乡建运动开始失去公共知识分子独立进行的从民众利益出发的立场。这就使原来单独由教育机构和学术团体进行的乡村建设实验和现政权结合起来，乡建事业与地方政府职能开始一致，诸如“听诉催科”原来不属于乡建运动的内容，也纳入了进来。如“实验县成立前，平教会作为独立的民间教育团体，在从事乡村建设工作时，可以不执行国民党中央以及省县政府的一些反动法令。实验县成立后，平教会实际上已加入了现政权体系，国民党及省县政府的法令，无论反动与否，都必须执行。执行反动法令，就必然失去民心，失去广大民众对乡村建设运动的参与和同情”。[①] 这就把乡建工作摆到农民的对立面，引起广大农民的不满。乡村建设运动向深层推进的时候就遇到了越来越大的阻力，不能不削弱它的效果，正如梁漱溟所说，高谈“社会改造”却落到个“依附政权”的地步；号称“乡村运动”，结果却是“乡村不动”，乡建运动最终走向了一个“站在政府一边来改造农民，而不是站在农民一边改造政府的道路”，在农民与政府的夹缝中尴尬生存。

以上可见，20 世纪 30 年代的乡村建设运动，还存在以下缺陷：改良主义的政治出发点，再加上依赖地方政府和国内外社会力量资助的经费来源，必然导致推行地区和取得实际成效具有较大的局限性；半殖民地半封建社会的国情和广大农村普遍的贫穷，也不能为乡村建设派提供解决近代中国农村问题的根本方法和有效途径。

---

① 郑大华：《关于乡村建设运动的几个问题》，《史学月刊》2006 年第 2 期。

二　进步意义

虽然由于乡建运动的社会改良性质，它未能达到复兴农村经济的目的，实现所谓“民族再造”或“民族自救”，但这并不意味着乡村建设运动就应否定，而无意义可言，实际上如有的论者所指出的那样：“在旧中国，只要是在实现现代化和社会进步这个目标下，许多‘政治改良’‘实业救国’‘教育救国’等主张，尽管不能从根本上解决改造中国的问题，仍然在某些方面起过有益的作用。”①

首先，乡村建设运动的兴办教育、改良农业、流通金融、提倡合作、改善公共卫生和移风易俗等内容，对于解决农民尤其是自耕农的生产生活困难、推动社会进步起过一定作用。受“教育救国”思潮的影响，各实验区特别重视教育的作用。尽管各实验区（县）的措施、方法和侧重点不完全相同，但在对乡村小学和成人学校的建设工作上，设立乡村小学和成人学校，完善教育行政管理制度，改革教材和教学方法，以及实行征学制，强迫学龄儿童和青年农民就近入乡村小学或成人学校学习等措施，其扫盲成效比较明显。为了改变旧中国农村的卫生条件极差，缺医少药的现象十分严重，农民因病得不到及时治疗而死亡或失去劳动能力的不少的糟糕状况，各实验区都很重视公共卫生工作。建立乡村医院（或卫生所、保健所、病药室），为农民看病治病，实施防治结合，以防为主的措施，为农民种牛痘和注射预防霍乱、脑膜炎、白喉等传染病的预防针；推广新接生法；举行清洁运动，发动农民搞大扫除。这些措施使农村落后的卫生状况有了一些改变。改良农业的措施有改良和推广优良品种、防治病虫害、提倡副业等。虽然由于所处地理位置、客观环境以及历史传统的不同，各实验区的措施也不完全一致，但都为了实现“增高农民的收入，间接提高其生活程度”的目的②，经济效益就较明显，使农业、农民有了不同程度的增产和增收。

① 金冲及：《中国近代的革命和改革》，《光明日报》1990年12月5日。
② 晏阳初：《晏阳初全集》（第一卷），湖南教育出版社1989年版，第566页。

其次，一些实验区在兴办教育、改良农业、流通金融、提倡合作、改善公共卫生和移风易俗的过程中所创造出的一些经验和方法，对于今天相关的农村工作有其借鉴意义和价值。实验区采取的一些比较切合中国农村实际情况的扫除文盲、普及教育的方法：如定县的“导生传习制”，邹平的“共学制”，以及各种缩短学制、改革教材教法的实验和强迫征学制等。在推广优良品种的过程中，一些实验区摸索和创立了一套行之有效的程序和措施等。在建立公共卫生保障制度的过程中，一些实验区创立了一些好的制度和经验，如定县的村设保健员、区设保健所、县设保健院的三级卫生保健制度，无锡的惠北实验区在小园里村实验的农村合作医疗制度，邹平和徐公桥实行的为贫困农民免费治疗制度，以及定县的学校和妇婴卫生工作经验，无锡和徐公桥的清洁卫生运动经验，邹平的新法接生经验等。这些方法、措施、制度和经验对于今天相关的农村工作无疑有它的借鉴价值，值得我们认真总结。

再次，乡建运动的领导者是一些优秀的知识分子，他们所具有的爱国精神和忧患意识，他们对于国家社会勇于奉献，敢于担当，善于创新，乐于践行的品格，对于今天的知识分子来说，是一种精神上的净化剂和鼓舞剂。投身这场运动中的广大知识分子以“民族再造”与“民族自救”为己任，抛弃优厚待遇和舒适的生活环境，毅然“深入民间”，来到偏远落后的农村，脱下西装，穿上草鞋，住进茅屋，和农民打成一片，进行艰苦细致的扫除文盲的工作，帮助他们脱贫致富。这种精神，仅以平教会为例，1926 年到定县工作的人员是 66 人，以后随着平教会在定县工作的开展而年年增加，1928 年，82 人；1929 年，204 人；1930 年，224 人，到 1935 年时达到 500 人。尽管由于乡村建设运动的改良性质，他们借此复兴农村经济、实现“民族再造”或“民族自救”的目的并没有达到，但他们的这种方向和精神值得充分肯定，在今天看来，弥足珍贵，这是乡村建设运动的重要意义。因为，知识分子“深入民间”，走与农民相结合的道路，这首先是对传统的“学而优则仕”观念的超越和否定。几千年来，文人读书的主要目的，就是为了应试科举，以期一朝登科拜相封侯，传统的“学而优则仕”的观念在不少人心中仍根深蒂固。在当时的社会环境下，知识分子能超越传统的“学而优则仕”观念，心甘情愿地到农村走与农民相结合的道路，这是非常难能可贵的。此外，知识分子“深入民间”，走与农民相结合的道路，也有利于发挥他们的聪明才智，更好地实现自身价值。避免了一方面城市里知识分子成堆，有许多人找不到事做；另一方面农村知识分子尤其是科技人才奇缺，农民急需有文化、懂科学的人去帮助的两难境地。我们不能以乡村建设运动的改良性质而否定数以千计的知识分子的这种“深入民间”的历史意义。

最后，乡村建设者们重视农村和农民对于建设国家的重大意义和伟大潜力，不居高临下地对待农民，提出“化农民”必先“农民化”的主张，而不仅仅把农村、农民、农业作为“问题”对待。乡村建设者们强调乡村的全面协调发展，认为各方面的因素是相互联系的，农村和农民的问题决不仅仅是经济问题，他们重视传统文化中的积极因素，认为“民为邦本，本固邦宁”，强调伦理情谊、人生向上的文化思想，明确主张“以人为本，不以钱为本”，重视社会弱势群体，重视社会的平衡发展，这些思想精华对我们今天的精神文明建设和国民素质的提高都是大有裨益的。

所以，对于这场主要由公共知识分子出于强烈的社会责任感而掀起的改良运动，无论其倾向与成效如何，今天我们以“大历史观”的理性认识，似乎不应以“改良”就予以否定。正如当代史家金冲及所指出：“在旧中国，只要是在实现现代化和社会进步这个目标下，许多‘政治改良’‘实业救国’‘教育救国’等主张，尽管不能从根本上解决改造中国的问题，仍然在某些方面起过有益的作用。”① 再者，“乡村建设”派改造农村的一些思想认识和具体做法，“既把改造农村问题作为中国现代化进程的关键问题，又企图寻找一条改造农村的有效途径，在农村政治改造方面力图实行民主自治制度，在农业经济改造方面试图推行具有企业化和市场化性质

---

① 金冲及：《中国近代的革命和改革》，《光明日报》1990年12月5日。

的股份合作体制，在农民素质改造方面企图培养初具现代文化科技知识的‘新农民’”[①]，实则是一种比较系统的现代化农村建设模式的探索，并初有收效，属于不易的进步与进取。对乡村建设运动正应这样评价。

① 虞和平：《民国时期乡村建设运动的农村改造模式》，《近代史研究》2006年第4期，第95—110页。

结　　语

第一节　20 世纪 20—40 年代“农国论”的思想史地位

“作为中国现代化运动中涌现的一种思潮，以农立国论所倡导的农本思想以及有关理论仍应作为一份思想遗产加以研究”①，它总体上反映了中国人要适应现代世界新潮流，自决命运，迎头赶上，探索一条适合中国国情的现代化道路的艰难性和复杂性，在中国思想史上有着不容替代的地位。

一　20 世纪 20—40 年代的“农国论”是近代知识分子对中国发展路向所展开的深入思考和对现代化道路选择的艰辛探索

自鸦片战争以来，作为受到西方列强侵略的中国的知识界，为了自强图存他们对中国发展路向所展开的争论和思考就没有停止过。在对西方资本主义的侵略进行民族主义回应的同时，中国知识分子对西方的文明估价由最初的器物层次上升到制度层次，并由经济领域涉及到精神领域，不断地进步和发展，它反映了近代以来的中国知识界在内外交困的历史背景下，对实现国富民强的现代化道路的艰难探索和认识过程。“欠发达国家的经济落后性给它的发展理论打

---

① 罗荣渠：《中国近百年来现代化思潮演变的反思（代序）》，罗荣渠主编《从“西化”到现代化——五四以来有关中国的文化趋向和发展道路论争文选》，北京大学出版社 1997 年版，第 28 页。

上落后的印记。”① 民族资本主义与现代工业主义代表着先进的制度和生产力，由于具体国情和历史文化的差异，它在西方资本主义国家和亚非拉落后地区自然会产生不同的思想效应。

在中国半殖民地半封建的具体社会性质下，民族主义与工业主义是相互排斥的，他们要经过磨合，才能最终达到和谐统一，这个过程，就是中国对现代化道路从最初认识到最终选择的过程，在中国这个农业大国中，这个选择的过程是漫长、痛苦而又艰难的。

在近代经济发展落后的许多国家，都发生过民族主义憎恶和抵制现代工业化的思潮和运动。这在俄国被称为民粹主义；在拉丁美洲称之为民众主义（Populism）；在非洲有乡村社会主义（新民众主义）；在亚洲有甘地主义……中国也不例外，思想文化经济领域均有这种抵制和抗拒。就像列宁指出的那样，俄国民粹派“相信俄国生活的特殊方式，相信俄国生活的村社制度”，中国近代的知识分子对中华文化的灿烂和农业文明的辉煌也怀有深深的眷恋。从东方文化派、甲寅派到“以农立国”派，经历了欧风美雨的洗礼，中国的知识分子在对东西文化做了反复的对比后，总希望能用“中体西用”的模式使中国走向振兴、重现辉煌，越是学贯中西的学者，越是留恋中国传统的精华，如梁漱溟、晏阳初、董时进、杨开道、陶行知等。中国的知识分子执着追求，善于学习和总结，在一次次的试验失败之后，他们会依据具体的形势来调整自己的认识，更新自己的理论，以期实现理论对实践的正确指导。20 世纪 20—40 年代“农国论”发展演进就体现了这一过程。

二 “以农立国”理论不断改进和创新，体现了与时俱进的理论品格

20 世纪 20—40 年代的“农国论”并不是对传统“农本”思想的简单延续和继承，而是在理性选择和辩证发展基础上的改进和创新，

① 罗荣渠：《中国近百年来现代化思潮演变的反思（代序）》，罗荣渠主编《从“西化”到现代化——五四以来有关中国的文化趋向和发展道路论争文选》，北京大学出版社 1997 年版，第 27 页。

随着社会历史的发展，根据所需解决问题的不同被赋予新的理论内容。从最初的强调农业是中国经济的首要部分，是立国之本，到认为发展农业能奠定中国工业化的基础、振兴中国的经济之路是农业现代化，“农国论”的认识逐渐深化。

在中国这样一个农村社会中，他们重视农村建设和农业发展的重要，不反对工业化，“以农立国”派并不想把中国拉回封建农业社会。“以农立国”论不再是传统的农本思想，实际上已经成为对中国如何走上现代化道路的一种探索。他们的理论从最初的空想性到最后的现实性，在坚持和农村的建设与发展始终是中国发展的最根本的问题这一前提下，“农国论”不仅论述了农业与工业发展的关系，也提出了工业化的目标，他们探索的也是如何在中国实现现代化的道路，形成的是一套如何建设现代化国家的方案，这无疑促进了中国人民对适合中国国情的现代化道路的探讨，并不是简单的复古。特别是“以农立国”论中关于如何建设现代化的新农村，如何看待现代化建设中农业的地位，如何把农业的中国尽快建设成现代化的中国的精辟论述，对于现在正在探索现代化道路的中国来说是一份宝贵的文化遗产，对于我国农村如何实现现代化也具有现实的借鉴意义，值得我们深入研究和探讨。

在一次次同“工国论”或者其他学派理论的争论和交锋中，在众多“农国论”者的亲身实践中，“农国论”依据中国不断变换的时代主题，勇于接受外来批评，善于内省反思，去伪存真，一步步地走向成熟，在深化对中国国情和世界局势的认识中，使“农”与“国”“农”与“工”的关系更加和谐，实现了他们之间的有机统一，体现了与时俱进的理论品格。

三　“以农立国”论与建设乡村的实践活动紧密联系在一起，直面现实问题的忧患，着力于现实困难的解决，使儒家的“经世致用”思想得到了极致发挥

“铁肩担道义，妙手著文章”，乡村建设者们既是“农国论”的理论家，又是乡村改造的实践家，他们并不止于理论上的探讨或空

谈，而是积极地去实践自己的构想，这在当时是相当可贵的。“天下兴亡，匹夫有责”，梁漱溟、晏阳初等这些“以农立国”的倡导者，积极投身于轰轰烈烈的乡村建设运动中，成为乡建运动的领袖，他们号召众多知识分子都加入到乡村建设的队伍中来，许多乡建团体也应运而生。一时间，“中国教育家开口即谈乡村教育，经济家便说农村经济，政治家亦积极倡办地方自治，农业家固然办农业改良，即工业家也要办乡村工业……甚至一向都在都市营业的银行界现在也开始注意到乡村，要在乡村里投资了”。[①]“以农立国”派不仅不遗余力地号召广大知识分子关注农村，投身于乡村建设的浪潮中，而且对农村问题进行了深入的研究，提出了各种建设方案，并在乡村建设运动中运用于实践，对中国当时农村的现状起到了一定的缓解作用。

“农国论者”用乡建运动的实践告诉我们，对于农村问题的研究，除了要进行实证研究外，更要从农村本身与大的经济体制和社会变迁连在一起进行深入的分析和探讨。体制问题是解决农村问题的根本。今天我们在建设社会主义新农村的过程中，强调要突出农民的主体性，要建设社会主义的新型农民，那么，在现阶段就要求我们在深化宏观经济和政治体制改革的大前提下，改革与完善乡村治理结构，在乡村两级建立有效的、真正有农民群众参与的、切实突出农民主体性的政治机制，这才能从根本上解决社会主义新农村的建设问题。

四 “以农立国”论发展了传统“农本”“重农”思想，不仅把农村、农业、农民看成一个整体并做系统思考，还揭示了农业在现代经济中的基础地位，富有时代性的开放、进步气息

以往的“农本”“重农”思想主要是着眼于社会秩序的巩固和农业文明的维护，所以提出的农本政策侧重于“巩固”，而不是“发展”。同时，其“农”的含义也多单指农业或农村。“以农立国”论则是试图系统解决农村所存在的问题，以谋求农业的发展，并推动整

① 梁漱溟：《梁漱溟全集》（第一卷），山东人民出版社 1989 年版，第 602—603 页。

个中国社会的现代化进程。他们明确指出，“以农立国”的“农”包括农村、农业、农民，所以，“乡村建设不是任何一面可以单独解决的，而是连锁进行的全面的建设。因为社会与生活都是整个的、集体的、联系的、有机的，决不能头痛医头、脚痛医脚，支离破碎地解决问题”。① 他们希望“乡村建设虽始于乡村，但不止于乡村，它不过是从拥有最大多数人民的乡村下手，它的最终目的当然是全中国的富强康乐，因而奠定世界和平”。② 把发展农业、建设农村、教育农民看成是中国走向现代化的重要步骤，这使农国论富有时代性的开放气息。

“农国论”所揭示的农业在现代经济中的基础地位，对此后中国农业现代化思想的发展，对发展经济学的创立，都有着重要的意义；以农立国思想所强调的在现代化过程中以农业为基础、优先发展农业经济的主张，有助于我们检验经济工作中的成败得失和反思中华人民共和国成立后社会主义经济发展的经验教训。

由“农国论”引发的几次大争论中对有关中国经济的自主发展、农业是基础、工农之间的关系、工业化和政治民主的关系、中国工业化面临的阻力和困难，如何发展农村、建设农村，如何革新农村旧的生产关系进而建立新的农村生产体制、如何在对农村的改造中实现人的自由和民主等问题所进行的讨论，是一份重要的思想遗产，对于中国今天所进行的现代化农村的建设以及社会主义经济建设的进一步深入提供了借鉴。

五　“农国论”者在实现现代化道路的探索中很好地弘扬了中国传统文化的优秀遗产

“农国论”者对中国的发展问题倾注了极大的热忱与奉献，他们视三农问题为一个整体，重视农村和农民对于建设国家的重大意义和伟大潜力，不居高临下地对待农民，弘扬中华文明中的文化伦理情谊

① 晏阳初：《开发民力建设乡村》，《大公报》1948 年 8 月 14 日。

② 同上。

和人生向上的文化思想，并明确主张“以人为本，不以钱为本”，重在对“人（新民）”的教育和培养。他们倡导德育教化，关注社会弱势群体，倡导民众的和平互助，重视社会的平衡发展；这是中华民族优良传统的继承和发展。

“农国论”知识分子所具有的崇高的爱国精神和忧患意识，使得他们心系民族危亡，期盼中华崛起，对国家和社会勇于奉献，敢于担当，善于创新，乐于践行，他们打破“学而优则仕”的人生信条，真正做到“化农民”必先“农民化”。不计名利，不怕脏累，胸怀民众，情献乡村，倡导科技下乡，科教兴农，把知识从城市里的书桌送到乡下的田间地头，服务农村，服务农民，帮他们发展经济，帮他们脱贫致富，为切实解决农民的实际困难做出了自己应有的贡献。

他们这种“行之”“致之”精神是值得我们今天的知识分子学而用之的，这为我们今日在社会主义现代化建设中正确使用传统文化提供了经验。

六　在更深广的层面，以农立国思想所蕴含的丰厚农业文化理念，拓宽了我们全面认识农业的意义及其经济伦理价值的新思路

有研究者把章士钊当年所推崇的农业道德文化归纳为“调和持中、尚俭节欲、清静安民、寡欲不争”。其实，从伦理经济思想的角度来考察，这种文化道德与西方工业文明的区别在于：后者是以人类向自然界索取，从而可能导致人与自然界日益对立为特点，而前者则蕴涵着人与自然的和谐相处的生存意识。如果舍掉象征具体的物质内容，可以说在短时间里，前者往往显得不合时宜，显得落伍保守，但从长远来看，这未必不是一种智慧。

特别是在地区经济取得了长足发展的情况下，人们对农业性质的认识发生了颇有意味的深化，如我国台湾学者余玉贤认为：农业不仅是一种基础产业，而且是一种生活方式。“我们只有一个地球，而人类又不能脱离自然世界，为了健康和幸福，我们必须保护环境，享受安全和谐的田园之乐，这也是农业的责无旁贷的任务”，“从自然保育和生活方式观点去评估，农业的价值实无法衡量，但可以确定的

是，农业的非生产性价值，绝对高于生产性价值”。[①] 另一位学者吴聪贤则认为，“在高密度都市化社会对天然需求的欲望，随着所得的增加逐渐在提高。休闲时间之增加，与交通之发达，更增加了都市生活要依赖农业来充实生活的欲望。都市居民利用余暇从事农业经营，尤其是园艺农业之出现，将不一定以经济所得为首要目的”。[②] 这种从维护人与自然和谐相处的哲学高度来理解农业，重视农业，真可谓是轻轻拨动了章士钊等人“以农立国”的心弦，“这也是80年前的以农立国思想与现代农业理念的又一条维系”[③]。

总之，20世纪20—40年代“农国论”的提出，就其思想和实践的具体内容而言，是传统农业大国百年现代化历程中一次对中国农村问题全面的思考和探索。“农国论”者在乡村政治、乡村经济、乡村社会、文化现代性改造方面都做了具有现代化意义的探索，虽然从当时的时代背景和实际成效来看，这种探索存在着不少缺陷，不能成为“农国论”者所期望解决中国现代化的根本道路，但是他们初探乡村民主自治模式、乡村经济改革方向、乡村社会组织和人的现代化路径等“时代前沿问题”，对改善民国乡村衰落的现状有着积极的意义，对当代新农村建设也不无启发和借鉴作用。他们对晚清以来中国乡村出现的各种社会问题进行了首次深层次的关注，运动中涌现出的各种乡村改造和建设的理论思考了中国乡村在现代化进程中必须面对和解决的问题，对乡村政治、经济、文化、社会生活等各个领域都进行了可贵的尝试和探索，这对中国这个有着悠久农业文明的农业大国的现代化历程的促进有着深远的意义。“农国论”对中国农村的全面建设做出的设想和规划，对当代新农村建设也不无启发和借鉴作用。

---

① 参见余玉贤《期待未来的农业展示活力》，《站在历史的转折点上》，正中书局1990年版。

② 参见吴聪贤《中国农业发展》，“中央文物供应社”1984年版。

③ 钟祥财：《对20世纪上半期“以农立国”思想的再审视》，《中国农史》2004年第1期。

第二节 关于20世纪20—40年代“农国论”的几点认识

1840年鸦片战争以来，为了实现民族独立和国家富强，中国历史上发生了一系列的变革。“国家兴亡匹夫有责”，众多有识之士为之前赴后继、献谋献策。“农国论”的提出，是对晚清以来中国乡村出现的各种社会问题首次深层次的关注，特别是其间关于“农”“工”地位、次序的争论，以及“争论”中涌现出的各种乡村建设、改造思路更是直面了中国乡村在脱贫致富、迈向现代化进程中所必须应对和解决的一系列问题，“农国论”的实践者——乡村建设派的乡建运动，直接对中国乡村的政治、经济、文化、社会生活等各个领域都进行了可贵的尝试和探索，这对在中国这个有着悠久农业文明的农业大国的富强有着极其深远的意义。

通过对20世纪20—40年代“以农立国”理论的产生渊源、发展脉络、具体内容以及历史影响等诸多方面的梳理、剖析，我们可以得出以下认识：

一 “以农立国”理论是关于中国乡村从传统到现代发展道路的一次总思考

一个国家现代化的过程不仅限于经济领域，同时也发生在社会活动、政治发展、心理适应等各个方面，是社会各单元对于环境变化的适应和调整过程，所以中国乡村从传统到现代发展道路的实现必将涉及乡村政治、经济、社会、思想等多方面变化。“农国论”的提出和发展实质上是策划、预演了中国农村一场如何实现传统农业社会向现代化社会转型的社会改良实验，是以爱国知识分子为主要领导，为使农民摆脱贫困、愚昧，使农村汇入现代文明洪流、推动乡村乃至全社会走向现代化的一次尝试，为中国农村的脱贫致富做出了不懈的努力。

二　“以农立国”理论的产生、发展受当时社会诸多因素影响，在不同阶段解决不同的问题，极具现实性

中国是一个农业大国，“农本”“重农”不仅早已经深深植根于中华民族的精神传统中，而且体现在国民生活中的方方面面，历代当政者更是把它视为大政方针制定必循的金科玉律。

“农国论”是中国“重农”思想发展到一定历史阶段的产物。由于受当时政治、文化、社会、经济等多方面因素的影响，随着历史的发展，它也呈现出自己的阶段性。20 世纪 20 年代“农国论”所提出的焦点问题是“以农立国”还是“以工立国”；20 世纪 30 年代的“农国论”在普遍承认工业化的前提下，为“工业引发农业”还是“农业引发工业”而苦恼；20 世纪 40 年代的“农国论”更为理智和成熟，对第二次世界大战后中国经济发展的道路做出了“以农立国、以工建国”的设想。“农国论”的这些关于中国农村、农业、农民问题的认识的不断深入，为我国现代农村问题的解决奠定了基础，提供了经验和教训。

三　“农国论”者的实践——乡村建设运动的广泛展开不仅是对“农国论”的一次实践检验，以教育、文化、经济为切入点和重点的定县、邹平、北碚三种典型乡建模式，更是为中国乡村问题的解决提供了宝贵的经验和教训

19 世纪末 20 世纪初中国农业经济持续衰落和濒临破产是促使人们关注乡村命运的最直接经济因素；地方自治思潮引发的乡村自治思想萌动和国民革命中农民运动的蓬勃开展，对乡村建设思想的发展也是一种推动。传统文化情结中对农村的重视和晚清以来在民族危机中对农村、农业的重新思考以及恰逢此时传入的实用主义教育思想成为影响乡村建设思想产生的重要文化因素。

从民初的翟城村治和山西村治乡村建设思想的萌芽，经过 20 世纪 20 年代的发展阶段，到 20 世纪 30 年代至抗日战争前乡村建设运动发展到高峰期，乡村建设思想进入系统化和成熟阶段。乡村建设的倡导者——“农国论”的实践者大多为知识分子，他们博采中西文化理论阐述乡村建设主张，丰富了乡村建设的内容。乡村建设派对乡村政治、经济、文化、教育进行了更为全面的思考，并以此为指导，开展乡村建设实践活动，形成了分别从教育、文化、经济入手建设乡村的定县、邹平、北碚模式。乡村建设运动的产生、发展是与民国时期社会、政治、经济、文化、教育变迁密切相关和相呼应的，为当时中国农村经济的发展做出了切实的贡献。

四 “农国论”者所具有的精神追求和人格魅力，是留给中国知识分子的一份宝贵精神财富

20 世纪 20—40 年代的“农国论”者虽然个人生平及文化思想背景不同，但他们立足中国国情，对实现国家独立、民族富强之路锲而不舍的探索和追求，为医治中国农村的衰败开出了不同的药方，为中国现代化道路的发展设计出了不同的模式，深入乡村、贴近生活、崇尚科学、注重实验，将中国传统文化和西方先进文明进行有机结合，他们身上闪现的强烈的社会改造责任心、民族复兴使命感和人生追求等精神力量，是留给中国知识分子的一份宝贵精神财富。

当然，“农国论”者总喜欢在东西文化之争上大做文章，使得他们对中国出路问题的讨论染上了浓厚的文化色彩，并在一定程度上冲淡了对中国经济发展问题的研究和探索，甚至把中国的出路问题归结为根本是一个文化问题，模糊了文化因素和经济因素在现代社会发展中的轻重关系。过多地强调文化因素在现代化进程中的作用，从而低估经济因素的作用，使得“农国论”在立论上略显踉跄。

中国的现代化是一种非内生型（Endogenous Development，或内发性发展）的现代化，对中国这样一个拥有五千年悠久农耕文明的民族来说，现代化的进程必定是一个充满痛苦的涅槃过程。在这个长期曲折的历史进程中，不可能有一个思想家、一种理论或流派能够为中国的现代化进程描绘出准确的蓝图。一种思想或理论的生命力在于它为中国的现代化事业贡献了多少有价值的思考。

在从“传统”到“现代”的漫长道路上，现代化不是一朝一夕

可以完成和实现的。中国的现代化过程就是一个不断“试错”的过程，所以，尽管“农国论”者多次从文化角度立论思考中国发展道路问题，过分强调我国的“农国”地位，夸大农业对国计民生的作用，有时甚至把农业与工业的发展对立起来，在一定程度上弱化了 20 世纪 20—40 年代“农国论”对中国社会经济发展的理论贡献。但 20 世纪 20—40 年代“农国论”的真正生命力仍然在于它为中国社会的发展提供了一套较为可行的方案，并进行了大胆、可贵的实践尝试。

第三节　20 世纪 20—40 年代“农国论”对今天中国现代化农业发展的启示

20 世纪 20—40 年代“农国论”者虽然只在历史舞台上留下了短暂的辉煌，“乡村建设派”的农业国家建设实践也未能在当时的中国取得完全胜利，但他们为国家谋出路的精神值得后人学习，“农国论”的提出也给中国发展提供了一个方向，对于我国当前的农业发展依然具有启示意义。

首先，必须确立农业的根本地位。农业是我国的第一大产业，我国人口基数大，国家的发展离不开农业的发展。“农业是全面建成小康社会、实现现代化的基础。……始终把解决好“三农”问题作为全党工作重中之重，坚持强农惠农富农政策不减弱，推进农村全面小康建设不松劲，加快发展现代农业，加快促进农民增收，加快建设社会主义新农村。[①] 农业是我国经济健康发展的有力支撑。促进区域协调发展，注重农村现代化建设和发展，既是调整经济结构的重点，也是释放我国发展潜力的关键。因此，不论是借鉴西方的理论，还是学习西方先进技术，都不能忘记我国是农业大国的基本国情而非农业强国的国情。在当前工业技术、信息科技强劲发展的势头之下，农业发

① 中共中央国务院《关于落实发展新理念加快农业现代化实现全面小康目标的若干意见》，2015 年 12 月 31 日，http：//www. farmer. com. cn/xwpd/btxw/20160Vt20160127_1176258. htm，2016 年 4 月 5 日。

展对于提升我国的综合国力依然意义重大。

其次，继承和汲取中国传统文化中的优秀资源对于实现中国现代化农业转型具有重要意义。中国传统文化资源经由漫长的历史沉淀而来，是中华民族在应对历史挑战过程中逐渐积累和形成的。以儒家文化为主体的传统文化，在传统社会不仅成功应对了各种社会政治挑战，而且创造了悠久的历史和灿烂的文化。虽然近代以来，伴随着中西文化交汇和西方文化的强势传播，传统文化特别是儒家文化逐渐式微，其影响大大衰退。但是，对于人类社会从古至今都要面对的普遍社会政治挑战，中国传统文化中的优秀成分依然能够为我们提供有益的借鉴和支持。因此，在我国现代化建设进程中，传统文化对社会生活的影响依然深远。如“农国论”思想中体现的“德治”重要性，强调“政府当以道德为国家治理手段”。① 如今“以德治国”已经是中国特色社会主义现代化理论的重要指导思想，也位列我国根本治国方略。“以农立国”思想中的农业精神，是儒家“礼”与“仁”相结合的社会精神，旨在培育务实求真、尚简尚朴的良好的道德品格，是抵御拜金主义风尚，奢靡享乐之风的有效利器。因此在经济愈发繁荣的时代，我们仍要谨记中国传统文化中固有的优良美德，传承“农业精神”，发挥其有效维护社会秩序稳定、打造良好社会风尚的积极作用。

再次，“以农立国”思想的弊病也提醒我们不能忽视发展中的本质问题。“农国论”如果忽视了中国国情和中国农业发展中的根本问题，就会趋于理想化。由此可见，无论处在怎样的历史时期，都要看清中国发展中存在的本质问题，理想化和空想性的理论注定要失败。只有理论与实际相结合，实事求是、与时俱进才能助力中国的发展。

最后，“以农立国”的思想主张最终不能得以实现的事实也告诉我们，国家发展离不开与世界的沟通。少数“农国论”者试图让国家回到小农经济时代，将国家发展的目光仅仅聚焦在农业建设之上，

① 余世存：《大民小国——20 世纪中国人的命运与抗争》，江苏文艺出版社 2012 年版，第 118 页。

只注重在国内发展农业经济，割裂与其他国家的交往。近代以来的中国已经被卷入全球化浪潮之中，割断与世界的沟通与联系，不仅不现实而且会失败。因此，中国的现代化转型断然不能采取故步自封、闭门造车的方式，而是要更积极地参与到世界现代化的进程当中。中国作为全球第二大经济体，已经在世界舞台上扮演着重要角色，在全球化浪潮之中日益壮大的中国经济已经赋予中国社会更加开放的品质与性格。事实证明，世界的发展离不开中国，中国的发展也不能独立于世界之外。

第四节　20 世纪 20—40 年代“农国论”对今天乡村振兴战略的启示

2017 年 10 月，党的十九大提出，到 2020 年建成全面小康社会必须坚定实施“乡村振兴战略”，以及 2020—2035 年显著缩小城乡差距、迈向共同富裕的战略目标。这标志着我国解决农业、农村、农民问题已经迈向了一个新时代。中农办韩俊指出，乡村振兴战略是新时代十九大提出的七大战略之一，是决胜全面建成小康社会、全面建设社会主义现代化强国的重大战略任务，是党中央对“三农”工作做出的新的战略部署，是农业农村发展到新阶段的必然要求，其总要求是坚持农业农村优先发展，努力做到产业兴旺、生态宜居、乡风文明、治理有效、生活富裕。农业部长韩长赋指出，把乡村振兴战略作为新时代的战略写入党章修正案是史无前例的；实施乡村振兴战略是新时代“三农”工作的总抓手，有丰富内涵和系统要求。

一　乡村必须振兴，“以农强国”

社会主义现代化建设取得伟大成就的今天，工业化、信息化、网络化尘嚣日上，但对于农业人口占重要比重的中国，新时代赋予“农国论”新的历史意义，那就是“以农强国”。可当前我国最大的发展不平衡是城乡发展不平衡，最大的发展不充分是农村发展不充分；农村是短板，农业是短腿。

工业化和城镇化的加速，使农村各种可流动资源、要素单向地流向城市。在增加社会财富，提高福利水平，加强增长效率的同时，也造成了城市的“膨胀”和农村的“凋敝”。因农村居住人口过度减少而导致居住人口“空心化”和农业从业人口“老龄化”是乡村衰落的显著特征。在当今情形下，实现全面建成小康社会的第一个百年目标要消除绝对贫困，实现国家现代化的第二个百年目标就要缩小城乡差别，因此乡村必须振兴。

二 乡村能够振兴，“国能强农”

工业化和城镇化的自然过程扩大了城乡之间的发展差距①，但政策干预“变量”的植入，能缓解差距扩大，从而解决乡村经济社会发展不充分、相对落后于城市而导致发展不平衡的问题。中华人民共和国成立以来，党中央一直把建设新农村作为工作重点。从十六大提出的“统筹城乡经济社会发展”方针、十七大提出的“形成城乡一体化发展新格局”的重大历史任务、十八大提出的城乡一体化三农问题解决途径到十九大提出的乡村振兴战略。

十九大报告在即将达到的2020年形成城乡一体化发展新格局的阶段性目标的基础上，进一步提出了进入城乡关系变化新时期旨在走向最终消除城乡差距、实现城乡公平的新目标。实现这个目标最重要的战略导向，就是建立完善城乡融合的体制机制和政策体系、支持农业农村优先发展的要素分配方式。这是确保我国乡村从走向衰弱到走向复兴的最重要的因素。随着基本公共服务城乡均等化和优质公共服务区域配置均衡化，随着城乡多方面生活条件差距逐步缩小，乡村振兴也将具备越来越成熟、越来越有利的条件。

---

① 张强、张怀超、刘占芳：《乡村振兴：从衰落走向复兴的战略选择》，《经济与管理》2018年第1期，第6—11页。

参考文献

一 原始文献

（一）文集文稿

1.《论语》。
2.《国语》。
3.《尚书》。
4.《荀子》。
5.《管子》。
6.《墨子》。
7.《商君书》。
8.《史记》。
9.《汉书》。
10.《贾谊集》。
11.《光绪朝东华录》（第五册）。
12.《饮冰室文集》。
13.《饮冰室合集》。
14. 山西政书编辑处：《山西现行政治纲要》，太原大国民印刷局，1921 年。
15. 山西村政处：《山西村政汇编》（1—8 卷），1928 年。
16. 章元善、许仕廉：《乡村建设实验》（第 1—2 集），中华书局 1934 年版。
17. 江问渔、梁漱溟：《乡村建设实验》（第 3 集），中华书局 1936 年版。

18. 方与严：《陶行知教育论文选辑》，上海生活书店 1948 年版。
19. 戊戌变法档案史料，中华书局 1959 年版。
20. 《龚自珍全集》（上册），中华书局 1961 年版。
21. 《马克思恩格斯选集》（第一卷），人民出版社 1972 年版。
22. 《马克思恩格斯选集》（第二卷），人民出版社 1972 年版。
23《魏源集》（上册），中华书局 1978 年版。
24. 中国陶行知研究会：《陶行知教育论文选》，教育科学出版社 1981 年版。
25. 山西省政协文史资料研究委员会：《阎锡山统治山西史实》，山西人民出版社 1981 年版。
26. 《郑观应集》，上海人民出版社 1982 年版。
27. 《第一次国内革命战争时期的农民运动资料》，人民出版社 1983 年版。
28. 华中师范学院教育科学研究所：《陶行知全集》（第一卷），湖南教育出版社 1984 年版。
29. 华中师范学院教育科学研究所：《陶行知全集》（第二卷），湖南教育出版社 1984 年版。
30. 中华职业教育社：《黄炎培教育文选》，上海教育出版社 1985 年版。
31. 李景汉：《定县社会概况调查》，中国人民大学出版社 1986 年版。
32. 彭明：《中国现代史资料选辑》，中国人民大学出版社 1989 年版。
33. 宋恩荣：《晏阳初全集》（第一、二、三卷），湖南教育出版社 1989、1992、1992 年版。
34. 凌耀伦、熊甫：《卢作孚集》，华中师范大学出版社 1991 年版。
35. 宋恩荣：《晏阳初文集》，科学教育出版社 1989 年版。
36. 田正平、李笑贤：《黄炎培教育论著选》，人民教育出版社 1993 年版。
37. 茅仲英、唐孝纯：《俞庆堂教育论著选》，人民教育出版社 1993 年版。
38. 《邓小平文选》（3），人民出版社 1993 年版。
39. 张之洞：《劝学篇》，中州古籍出版社 1998 年版。

40. 《中国农业百科全书·农业历史卷》，农业出版社1995年版。
41. 白吉庵：《章士钊全集》（1—10卷），文汇出版社2000年版。
42. 袁刚、孙家祥、任丙强等：《民治主义与现代社会：杜威在华讲演集》，北京大学出版社2004年版。
43. 《梁漱溟全集》（1—6卷），山东人民出版社1989—1992年版。

（二）报刊资料

1. 《大公报》
2. 《晨报》
3. 《东方杂志》
4. 《独立评论》
5. 《中国农村》
6. 《甲寅周刊》
7. 《新闻报》
8. 《村治月刊》
9. 《益世报》
10. 《乡村建设》
11. 《民间》
12. 《中华教育界》
13. 《教育与民众》

二　研究论著

（一）中文著述

1. 杨开道：《农村自治》，上海世界书局1930年版。
2. 古楳：《乡村教育》，商务印书馆1939年版。
3. 周宪文：《新农本主义批判》，南平国民出版社1945年版。
4. 韩稼夫：《工业化与中国农业建设》，商务印书馆1945年版。
5. 侯外庐等：《中国思想通史》（1—5卷），人民出版社1957年版。
6. 傅筑夫：《中国古代经济史》，中国社会科学出版社1982年版。

7. 冯友兰：《中国哲学简史》，北京大学出版社 1985 年版。
8. 郭文韬等：《中国传统农业与现代化》，中国农业科学出版社 1986 年版。
9. 陈旭麓：《五四以来政派及其思想》，上海人民出版社 1987 年版。
10. 钱乘旦、陈意新：《走向现代国家之路》，四川人民出版社 1987 年版。
11. 张守军：《中国历史上的重本抑末思想》，中国商业出版社 1988 年版。
12. 傅筑夫：《中国古代经济史概论》，中国社会科学出版社 1988 年版。
13. 冯天瑜、何晓明、周积明：《中华文化史》，上海人民出版社 1990 年版。
14. 胡绳：《中国共产党的七十年》，中共党史出版社 1991 年版。
15. 张静如、刘志强：《北洋军阀统治时期中国社会之变迁》，中国人民大学出版社 1992 年版。
16. 罗荣渠、牛大勇：《中国现代化进程的探索》，北京大学出版社 1992 年版。
17. 《张培刚经济论文选集》，湖南出版社 1992 年版。
18. 梁培宽：《梁漱溟先生纪念文集》，中国工人出版社 1993 年版。
19. 马秋帆：《梁漱溟教育论著选》，人民出版社 1994 年版。
20. 许纪霖、陈达凯主编：《中国现代化史》（第一卷），生活·读书·新知三联书店 1995 年版。
21. 朱汉国：《梁漱溟乡村建设研究》，山西教育出版社 1996 年版。
22. 周积明：《最初的纪元——中国早期现代化研究》，高等教育出版社 1996 年版。
23. 钟祥财：《中国农业思想史》，上海社会科学院出版社 1997 年版。
24. 罗荣渠：《从“西化”到现代化——五四以来有关中国的文化趋向和发展道路论争文选》，北京大学出版社 1997 年版。
25. 胡寄窗：《中国经济思想史简编》，上海立信会计出版社 1997 年版。

26. 何晓明：《百年忧患——知识分子命运与中国现代化进程》，东方出版中心1997年版。
27. 杜虹：《20世纪中国农民问题》，中国社会出版社1998年版。
28. 费孝通：《乡土中国》，北京大学出版社1998年版。
29. 吴雁南：《中国近代社会思潮》，湖南教育出版社1998年版。
30. 郑大华：《梁漱溟学术思想评传》，北京图书馆出版社1999年版。
31. 余国耀、吴熔、姬业成：《农村改革决策纪实》，珠海出版社1999年版。
32. 温铁军：《中国农村基本经济制度研究——“三农”问题的世纪反思》，中国经济出版社2000年版。
33. 郑大华：《民国乡村建设运动》，社会科学文献出版社2000年版。
34. 熊吕茂：《梁漱溟的文化思想与中国现代化》，湖南教育出版社2000年版。
35. 虞和平：《中国现代化历程》（1—3卷），江苏人民出版社2001年版。
36. 郑大华：《梁漱溟传》，人民出版社2001年版。
37. 吴相湘：《晏阳初传》，岳麓书社2001年版。
38. 张汝伦：《现代中国思想研究》，上海人民出版社2001年版。
39. 伍杰：《严复书评》，河北人民出版社2001年版。
40. 费孝通：《江村经济》，商务印书馆2002年版。
41. 陈哲夫、江荣海、吴丕：《二十世纪中国思想史》，山东人民出版社2002年版。
42. 黄宗智主编：《中国乡村研究》（第一辑），商务印书馆2003年版。
43. 察应坤、绍瑞：《毕生尽瘁为民生——王鸿一传略》，黄河出版社2003年版。
44. 徐勇主编：《中国农村研究》（2002年卷），中国社会科学出版社2003年版。
45. 周积明、郭莹等：《振荡与冲突——中国早期现代化进程中的思潮和社会》，商务印书馆2003年版。

46. 罗荣渠：《现代化新论》，商务印书馆 2004 年版。
47. 刘重来主编：《卢作孚社会改革实践与中国现代化研究》，香港天马出版有限公司 2004 年版。
48. 徐秀丽主编：《中国农村治理的历史与现状：以定县、邹平和江宁为例》，社会科学文献出版社 2004 年版。
49. 余英时：《文史传统与文化重建》，生活·读书·新知三联书店 2004 年版。
50. 李友梅：《费孝通与世纪中国社会变迁》，上海大学出版社 2005 年版。
51. 俞祖华、赵慧峰主编：《中国近代社会文化思潮研究通览》，山东大学出版社 2005 年版。
52. 许纪霖：《20 世纪中国知识分子史论》，新星出版社 2005 年版。
53. 张岂之：《中国思想文化史》，高等教育出版社 2006 年版。
54. 郑大华：《民国思想史论》，社会科学文献出版社 2006 年版。
55. 何晓明：《返本与开新——近代中国文化保守主义新论》，商务印书馆 2006 年版。

（二）外文译著

1. ［英］李约瑟：《中国科学技术史》，人民出版社 1979 年版。
2. ［美］费正清主编：《剑桥中华民国史》，上海人民出版社 1991 年版。
3. ［美］列文森著，郑大华译：《儒教中国及其现代命运》，中国社会科学出版社 2000 年版。
4. ［美］费正清、赖肖尔：《中国传统与变迁》，世界知识出版社 2002 年版。
5. ［美］赛珍珠：《告语人民》，广西师范大学出版社 2003 年版。
6. ［美］艾恺：《最后的儒家——梁漱溟与中国现代化的两难》，江苏人民出版社 2004 年版。
7. ［丹］台维斯：《格龙维与丹麦民众高等学校——民国中华书局刊本（复印本）》，中华书局 1936 年版。

8. ［英］A. J. 潘梯：《基尔特农业的复兴》，黄卓译，北京共学社1992年版。

三 研究论文

（一）期刊论文

1. 钟科财：《试论中国古代的反抑商思想》，《人文杂志》1985年第2期。
2. 闵宗殿、王达：《晚清时期我国农业的新变化》，《中国社会经济史研究》1985年第4期。
3. 鲁振祥：《30年代乡村建设运动的初步考察》，《政治学研究》1987年第4期。
4. 叶茂：《略论重农抑商的历史根源》，《中国经济史研究》1989年第4期。
5. 季荣臣：《论二十年代“以工立国”与“以农立国”之争》，《广西民族学院学报》1993年第2期。
6. 吴运生：《论中国古代的重农思想》，《长沙电力学院学报》（社会科学版）1994年第1期。
7. 陈勇勤：《光绪时期清流派对农业有关问题所提建议及其务实性》，《中国农史》1994年第3期。
8. 张鸿雁：《论“重农抑商”政策思想对中国经济形态演进的负面影响》，《历史教学问题》1995年第3期。
9. 李英华：《中国古代重农政策的历史作用》，《思想战线》1995年第6期。
10. 庄电一：《浅析“重农抑商”政策的历史合理性》，《甘肃社会科学》1996年第4期。
11. 范忠信、秦惠民、赵晓耕：《论中国古代法中“重农抑商”传统的成因》，《中国人民大学学报》1996年第5期。
12. 苗欣宇：《民国年间关于中国经济发展道路的几次论战》，《学术月刊》1996年第8期。

13. 余明侠、张生：《试论孙中山早年的重农思想》，《珠海学刊》1997 年第 4 期。
14. 王安平：《卢作孚乡村建设理论与中国现代化研究》，《社会科学研究》1997 年第 5 期。
15. 石连同：《民国时期知识分子对中国现代化理论的探索》，《南京大学学报》1998 年第 1 期。
16. 童富勇：《论乡村教育运动的发轫兴盛及其意义》，《浙江学刊》1998 年第 2 期。
17. 夏军：《杜威实用主义理论与中国乡村建设运动》，《民国档案》1998 年第 3 期。
18. 宋恩荣：《梁漱溟在中国教育现代化进程中的思考》，《华东师范大学学报》1998 年第 4 期。
19. 夏贵根：《关于中国立国问题的论战初探》，《许昌师专学报》2000 年第 4 期。
20. 赵泉民：《论晚清的重农思想》，《华东师范大学学报》2000 年第 6 期。
21. 孙华熙：《我国古代“重农”政策的实施及效果》，《山东省农业管理干部学院学报》2001 年第 2 期。
22. 邢战国：《张謇的宏观实业思想研究》，《洛阳工学院学报》（社会科学版）2001 年第 4 期。
23. 张华新：《略论我国古代的农本思想》，《华中农业大学学报》2002 年第 2 期。
24. 周逸先：《晏阳初平民教育与乡村改造方法论初探》，《高等师范教育研究》2002 年第 3 期。
25. 宋芳：《中国古代重农思想到当代重农思想之嬗变》，《船山学刊》2003 年第 2 期。
26. 于雁：《二十世纪二十年代以农立国派与以工立国派之争》，《德州学院学报》2003 年第 3 期。
27. 韩淑红、刘甲朋：《略论中国近代重农思潮》，《现代财经》2003 年第 5 期。

28. 郭剑鸣：《试论卢作孚在民国乡村建设运动中的历史地位——兼谈民国两类乡建模式的比较》，《四川大学学报》2003 年第 5 期。
29. 赵朝峰、宋艳丽：《清末新政时期的“重农”思潮评述》，《齐鲁学刊》2003 年第 6 期。
30. 钟祥财：《对 20 世纪上半期“以农立国”思想的再审视》，《中国农史》2004 年第 1 期。
31. 郭华清：《评章士钊的以农立国论的经济主张》，《广州社会主义学院学报》2004 年第 2 期。
32. 尹倩：《试析 20 世纪 30 年代的“以农立国”论》，《江西农业大学学报》2004 年第 3 期。
33. 史振厚：《晏阳初乡村改造思想形成的理论背景》，《河南社会科学》2004 年第 4 期。
34. 卜风贤：《中国农耕文化传统的现代承启》，《古今农业》2004 年第 4 期。
35. 李文珊：《晏阳初、梁漱溟乡村建设思想研究》，《学术论坛》2004 年第 4 期。
36. 聂志红：《民国时期中国工业化战略思想的形成——“重农”与“重工”的争论》，《民主与科学》2004 年第 5 期。
37. 钟祥财：《重农和重商思潮在中外历史上的反向转换》，《财经研究》2004 年第 7 期。
38. 杨孝容：《浅谈卢作孚和梁漱溟的民众教育思想》，《卢作孚社会改革实践与中国现代化研究》，香港天马出版有限公司 2004 年版。
39. 苟翠屏：《卢作孚、晏阳初乡村建设思想之比较》，《卢作孚社会改革实践与中国现代化研究》，香港天马出版有限公司 2004 年版。
40. 吴星云：《民国乡村建设派别的主要分歧》，《历史教学》2004 年第 12 期。
41. 陈刚：《嘉陵江三峡乡村建设实验中国现代化启蒙的新路径》，《重庆社会科学》2005 年第 1 期。
42. 任继周：《论华夏农耕文化发展过程及其重农思想的演替》，《中国农史》2005 年第 2 期。

43. 高国防：《梁漱溟的乡村建设和国民党》，《中共浙江省委党校学报》2005 年第 2 期。
44. 马东才：《新时期解决“三农”问题的总抓手》，《中共乌鲁木齐市委党校学报》2006 年第 1 期。
45. 郑大华：《关于乡村建设运动的几个问题》，《史学月刊》2006 年第 2 期。
46. 葛红岩：《关于解决中国农村问题的几点建议》，《现代农业科技》（上半月刊）2006 年第 3 期。
47. 邱金辉、聂志红：《中国现代化问题系统研究序幕的开启——“以农立国”与“以工立国”的争论》，《科学·经济·社会》2006 年第 3 期。
48. 陆学艺：《当前农村形势和社会主义新农村建设》，《江西社会科学》2006 年第 4 期。
49. 张秉福：《旧中国乡村建设运动的三位探索者》，《炎黄春秋》2006 年第 4 期。
50. 徐秀丽：《民国时期的乡村建设运动》，《中国现代史研究》2006 年第 10 期。
51. 庄俊举：《“以农立国”还是“以工立国”——20 世纪 20—40 年代关于农村建设的争论》，《红旗文稿》2006 年第 16 期。
52. 罗朝晖：《“以农立国”与“以工立国”之争——20 世纪 40 年代关于中国发展道路论争的认识》，《长春师范学院学报》2007 年第 1 期。
53. 陈楚亮：《试析 20 世纪 20 年代“以农立国”论》，《山东省农业管理干部学院学报》2007 年第 1 期。
54. 孙诗锦：《20 世纪上半期中国乡村建设思潮的域外渊源》，《经济与社会发展》2007 年第 3 期。
55. 周文玖：《东西文化论争与中国现代化道路之探索——以 20 世纪二三十年代为考察中心》，《天津师范大学学报》（社会科学版）2009 年第 3 期。
56. 徐勇：《中国发展道路：从“以农立国”到“统筹城乡发展”》，

《华中师范大学学报》（人文社会科学版）2012 年第 4 期。
57. 周晓庆：《对民国乡村建设运动的再认识》，《古今农业》2013 年第 1 期。
58. 郭华清：《论章壬判的“三农”思想》，《红河学院学报》2012 年 2 月。
59. 王先明、熊亚平：《乡村建设思想的历史起点——20 世纪之初“以农立国”论的孕生（1901—1920）》，《天津社会科学》2012 年第 3 期。
60. 刘长宽、吴洪成：《格龙维与晏阳初平民教育思想比较研究》，《成人教育》2013 年第 5 期。
61. 张晓寒：《20 世纪上半叶“以农立国”与“以工立国”之争论》，《学习月刊》2013 年第 8 期。
62. 周建波、禹思恬：《董时进的农业经济思想》，《贵州社会科学》2017 年第 2 期。

（二）学位论文

1. 刘家峰：《中国基督教乡村建设运动研究（1907—1950）》，华中师范大学博士学位论文，2001 年。
2. 吴星云：《乡村建设思潮与民国社会改造》，南开大学博士学位论文，2004 年。
3. 崔效辉：《现代化视野中的梁漱溟乡村建设理论》，南京大学博士学位论文，2004 年。
4. 黄丹：《20 世纪 30 年代中国现代化问题论争探究》，湖南师范大学硕士学位论文，2004 年。
5. 张春：《晏阳初乡村改造的十大信条及其实践》，中国人民大学博士论文，2004 年。
6. 李新：《中国近代以来重农思想演变研究》，西北农林科技大学硕士学位论文，2006 年。
7. 王欣瑞：《现代化视野下的民国乡村建设思想研究》，西北大学博士学位论文，2007 年。
8. 邓亚萍：《二十世纪二三十年代中国“农工立国”之争的现代意义

的探索》，中南大学硕士学位论文，2011 年。
9. 曹茂甲：《中国近代农村职业教育发展研究（1896—1937）》，河北科技师范学院硕士学位论文，2011 年。
10. 李福鑫：《20 世纪 20 至 40 年代“工农立国”之争的现代意义探讨》，辽宁大学硕士学位论文，2015 年。
11. 刘峰：《20 世纪 30 年代农村复兴思潮研究》，湖南大学岳麓书院博士学位论文，2016 年。

四 网络资源类

1. 中共中央国务院：《关于落实发展新理念加快农业现代化实现全面小康目标的若干意见》（2018 年 7 月 6 日）。http：//www. Farmer. com. cn/xwpd/btxw/201601/t20160127 1176258. htm。
2. 杨东平：《格隆维和丹麦教育的现代化》（2018 年 7 月 6 日）。http：//www. sohu. com/a/239683406_ 100928。
3. 《中央农村工作会议在北京举行 习近平作重要讲话》（2017 年 12 月 29 日）。http：//cpc. people. com. cn/n1/2017/1229/c64094 – 29737103. html。
4. 《（受权发布）中共中央国务院关于实施乡村振兴战略的意见》（2018 年 2 月 4 日）。http：//www. xinhuanet. com/politics/2018 – 02/04/c_ 1122366449. htm。